토 털

커뮤니케이션

구조와 전략

토 털
커뮤니케이션
구조와 전략

리오넬 에번스 지음

김 병 하 옮김

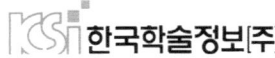
한국학술정보㈜

옮긴이의 머리말

농교육의 실천과정에서 교사들이 체험하는 가장 심각한 문제는 우선 교수-학습 활동을 의미 있게 하는 적절한 커뮤니케이션이 교사-학생간에 효율적으로 수행되고 있지 않다는 사실이다. 일반아동은 아주 자연스러운 과정을 통해 언어적 정보의 홍수에 늘 젖어 있지만, 반대로 농아동은 대부분의 시간을 언어적 정보의 진공 상태에서 생활하기 때문에 자연히 언어능력이 크게 제한될 수밖에 없다.

토털 커뮤니케이션은 특정의 제한된 커뮤니케이션 양식으로부터 농자를 해방시킴으로서 그들에게 가장 의미 있게 활용될 수 있는 모든 언어적 양식을 존중하자는 농자를 위한 커뮤니케이션 권리 선언이기도 하다. 농교육에 있어 토털 커뮤니케이션 접근은 종래에 강조되어 온 구화 일변도 주의에 대한 이반(離反)으로 제기되고 있다. 약 백년 전 이태리 밀라노에서 개최된 국제 농교육자 회의에서 확실한 이론적 근거도 없이 "수화는 구화의 적이다"라고 단정한 이래, 그 동안 농교육 현장에서는 구화주의만으로 농아동을 교육하는 데 열을 쏟아 왔다. 그간 특히 전자공학 분야의 놀라운 발전에 힘입어, 구화 일변도에 의한 교육 성과가 상당히 있었던 것도 사실이지만(또 그 노력이 계속되어야 하겠지만), 언어습득기 이전에 심한 청력손실을 수반한 아동을 주된 대상으로 하는 농학교에서 그 효과는 아주 보잘 것없는 정도에 불과한 것으로 나타나고 있다. 특히 이로 말미암아 농학생이 지닌 원래 능력에 비해 학교에서 농학생이 보이는 학업성취 수준의 지체는 해를 더 할수록 더욱 우려할 만한 것이 되고 있다.

이에 그간의 농교육 경험에 대한 반성과 함께 몇몇 세련된 실험연구결과들이 밝히는 바에 의하면, 중요한 것은 구화냐 수화냐가 아니라, 어떤 양식의 언어이든 발달초기부터 풍부한 언어적 경험을 농아동에게 폭넓게 제공해 주는 일이라는 점이다. 때문에, 구화만이 모든 농아동에게 반드시 최선의 언어양식이 될 수 없고, 구화와 마찬가지로 수화·지문자·필담·제스처 등 모든 커뮤니케이션 양식들이 수평적으로 꼭 같은 가치를 지니고 존중되어야 한다는 입장이 60년대 말부터 미국을 중심으로 농교육 현장에서 퍽 설득력 있게 받아들여지기 시작했다.

미국을 진원지로 하여 제안된 토털 커뮤니케이션 접근은 70년대 이후 전 세계의 농교육에 강한 파급 효과를 가지고 소개·실천되고 있다. 그러나 이 토털 커뮤니케이션이 흔히 거론되고 있는 만큼, 이에 관한 체계적 연구 업적들은 이상하리만치 드물다. 흔히 토털 커뮤니케이션에 대한 정확한 이해가 결여된 채, 이 접근이 그저 농교육의 유행어처럼 들먹여지고 있음을 본다. 지금까지 소개된 토털 커뮤니케이션에 대한 연구로서는 가장 체계적인 자료라는 점에서 리오넬 에번스(Lionel Evans) 박사의 이 저술은 중요한 의미를 지니는 것으로 본다.

원래 에번스 박사는 영국의 탁월한 농교육 전문가로서, 농학생을 위한 미국의 특수 대학인 갤러뎃 대학교(Gallaudet University)에서 1980-81학년도 동안 특별 초빙교수로 와 있는 동안 이 책을 저술하였다. 에번스 박사가 갤러뎃 대학에 특별 초빙교수로 오게 된 것은 농교육자로서는 아주 영예스러운 업적의 하나가 될 수 있다. 갤러뎃 대학에서는 동 대학에서 43년이나 봉직해 온 농교수인 포우리(Powrie. V.) 박사가 재직중 외국의 국제회의에서 급서(1972)한 것을 추모하여 그의 업적을 기리기 위해 농연구를 위한 이 특별 초빙교수 강좌를 마련해 놓은 것이다. 그간 포우리(Powrie) 박사의 업적을 계승하기 위한 농연구 초빙교수로 모두 여섯 명의 농교육 전문가(즉, Jacobs, Mathics, Schlesinger, Brill, Vernon, Evans 등)가 선정되었는데, 에번스 박사는 외국인으로는 처음으로 이 영광을 차지하게 된 것이다.

필자는 이 책에 담긴 아이디어의 일부가 한국 농교육의 실패와 모순을 줄이는 데 확실히 도움이 될 수 있다고 믿으면서 번역에 임하였다. 그러나 난해한 부분에 이르러 원저자의 뜻과 달리 왜곡된 옮김이 없는지 걱정된다. 사실 이 책은 필자가 갈러뎃 대학에 연구교수(1981－82학년도)로 다녀온 이래 진작부터 그 번역에 착수해 왔으나, 그간 몇 가지 사정으로 다소 출판이 지연되었다.

　원고정리와 교정을 도와준 아내와 연구실 학생들에게 고마움을 표한다.

1984년 4월

김　병　하

지은이의 머리말

농교육에 관한 개념 가운데 토털 커뮤니케이션은 그것의 성질, 범위, 목적 등에 걸쳐 몇 가지의 주요한 문제를 제기하고 있다. 즉, 토털 커뮤니케이션은 확실히 하나의 철학인가? 혹은 최근의 지식과 자료를 가지고 이전의 아이디어들을 재구성하는 것에 불과한 것인가? 이 접근은 왜 지지를 받게 되었으며, 이를 지지하는 구체적 연구 성과에는 어떤 것이 있는가? 어디에, 또 어떤 방법으로 토털 커뮤니케이션이 활용되고 있는가? 토털 커뮤니케이션을 구성하는 매체의 언어학적 특징은 무엇인가? 보다 높은 효용성을 위해 이들 특징들은 어떻게 결합되는가? 그리고 이들 언어매체들은 언어발달 과정에서 어떻게 순서 지워져야 하는가? 토털 커뮤니케이션을 위한 교수 방법은 어떤 것인가? 그것은 여타의 발달요구 및 실천적 제약과 관련하여 어떤 의미를 가지는가? 이 책은 이상의 문제들에 대한 정보를 제공해 주기 위한 것이다.

이 책은 토털 커뮤니케이션의 관점에 입각한 연구결과와 실천적 개발을 평가하고, 언어 획득과 발달을 의한 약간의 이론적 아이디어들을 개발하고자 한다. 제1장에서는 토털 커뮤니케이션에 대한 몇 가지 전제들을 개관한 다음, 농아동을 위한 그것의 교육적 함의와 토털 커뮤니케이션의 철학에 관심을 표명한 전문가들의 입장을 평가하고, 토털 커뮤니케이션의 파급 영향을 추적하고자 한다. 제2장에서는 어떻게 토털 커뮤니케이션이 실제로 활용되어 왔는가를 검토하고 있다. 토털 커뮤니케이션의 언어학적 구조를 이해하기 위하여는 그것의 구성 요소들에 대한 장점과 제한점을 알아 둘 필요가 있다. 제3장에서는 구어(口語)와 입술 읽기를 통한 구어 커뮤니케이션의 문제점을 밝히고 있다. 제4장에서는 지문자(指文字)에 관해 기술하고 있으며,

제5장에서는 수화(手話)의 상이한 유형을 개관한다. 즉, 수화의 언어학적 주요 특징과 수화매체의 지각적 매개변수가 설명된다. 제6장에서는 구화 매체와 수화매체의 동시적 활용에 있어 지각적 과정과 커뮤니케이션 효과를 다루고 있다. 토털 커뮤니케이션 철학이 교육실천에 강력한 영향을 미치기 위해서는 그의 이론과 방법론을 확립하지 않으면 안 된다. 제7장에서는 구화와 수화의 발달을 통합한 이론적 모델을 구성하려고 한 연구결과와 그 결과들의 적합성을 검토하고 있다. 제8장에서는 실천적으로 그 이론을 적용하는 데 따른 문제를 다루고 있다. 즉 실제, 적용을 위한 방법론적 접근을 검토하고, 교사와 부모, 그리고 행정가들을 위한 적용방안의 일부를 검토하게 될 것이다. 이 책은 특히 농아동의 교사들에게 이상의 여러 문제들에 대한 해설을 제공해 주게 될 것이다. 토털 커뮤니케이션은 교육, 언어학, 언어과학 및 청각학, 심리학 등 여러 영역에 걸쳐 공통적 기반을 점유하고 있으므로, 이들 분야에 관련된 전문가들에게 관심사가 될 것이다.

이 책을 읽는 독자들은 농과 청각학 그리고 농자들이 가지는 언어(특히 문어(文語)) 문제들에 관한 기초 지식을 이미 지니고 있는 것을 전제로 하고 있다. 이 책은 시각적 언어 커뮤니케이션에 관해 보다 전문화된 연구를 마련해 주는 데 그 목적이 있다. 이에 관련된 보다 구체적 연구들에 대한 정보는 별도로 제시되는 참고문헌을 활용하기 바란다. 미국에서 그 기원을 가져온 토털 커뮤니케이션의 개념은 이제 세계적으로 널리 확산되고 있어, 이 책은 외국의 여러 나라의 독자들을 염두에 두고 집필된 것이다. 그러나 주로 영어를 사용하는 나라들을 대상으로 많은 예를 들고 있음을 지적해 두지 않으면 안 되겠다.

워싱턴 D. C.에서
1981년 6월
리오넬 에번스

목 차

제1장 철학

토털 커뮤니케이션은 농자를 위한 커뮤니케이션에 있어 구화(口話)와 수화(手話) 두 방안의 활용에 대한 자유로운 접근으로 대두된 것이다. 물론, 이 보다 앞서 소위 결합법(結合法)으로 농아동을 가르치려고 시도한 적이 있었다. 확실히 이들 실천 중 일부는 토털 커뮤니케이션의 현대적 개념에 부합되는 것으로 고려될 수 있다. 이들 과거 업적에 대한 이해는 현재 당면한 문제를 다루는 데 유익한 관점을 제공해 줄 것이다. 본 장에서는 토털 커뮤니케이션의 철학에 상응하는 선행 실제로 평가될 수 있는 과거 실천을 개관해 보고자 한다.

철학적 배경

농자에 대한 체계적인 교수는 16세기 스페인에서 폰스 드 레옹(Pedro Ponce de Leon)이 귀족 가문의 농아동들을 가르치기 시작한 데서부터 비롯되고 있다. 이들 아동들은 그들의 상속권을 주장하기 위해 말하는 것을 습득하지 않으면 안 된다는 법적 요구사항이 있었기 때문에, 일차적 강조점은 말하는 것을 가르치는 데 있었다. 파럴(Farrar, 1890)에 의하면, 지도 순서는 "먼저 대상의 이름을 쓰는 것을 가르치고, 다음에 구어로 쓰여진 말을 결합하게 하는 것으로 나아갔다"고 한다. 또 한 사람의 스페인의 교사인 주앙 파브로 보넷(Juan Pablo Bonet)은 한 쪽 손으로 표시되는 손짓 알파벳을 소개한 「소리의 단순화와 농아의 언어 교수법(Reduccion de las Letras, Y Arte Para Ensener a Hablar los Mudos)」이라는 역사적으로 주목할 만한 책을 1620년에 발간했다. 이 책은 1890년에 딕슨(Dixon)에 의해서 「Simplification of the Letters of the Alphabet and Methods of Teaching Deaf Mutes to Speak」라는 이름으로 영역(英譯)되었다. 보넷(Bonet)은 지문자(指文字, fingerspelling)가 농아동을 가진 가족 성원들에 의해 사용되어야 한다고 주장했다. 그의 방법에 있어, 말하기의 조음(調音)은 문어(文語)와 지문자로 된 상징 체제에 기초를 두고 있다.

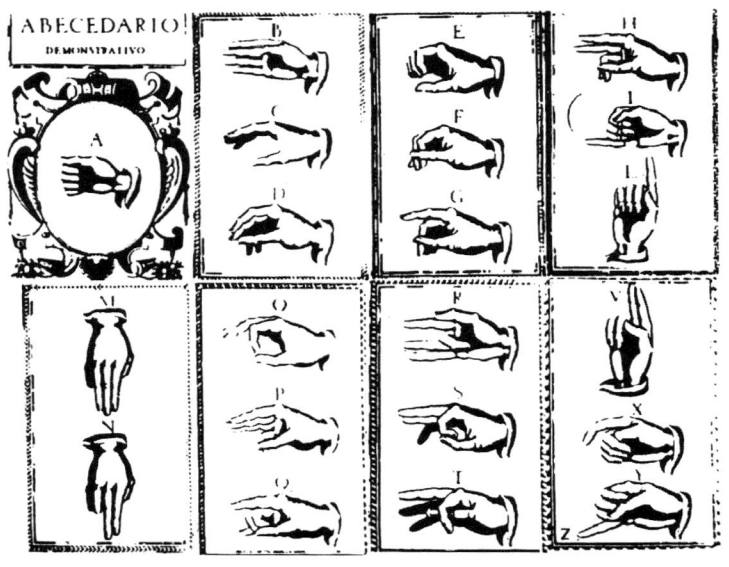

도 1. 1620년 Bonet에 의한 스페인의 한손 지문자

17세기에 영국의 존 벌웰(John Bulwer)은 농자를 위한 커뮤니케이션에 관한 저술을 영어로는 최초로 펴냈다. 1644년에 그는 「손짓에 의한 자연언어(Chirologia, or the Naturall Language of the

Hand)」를 저술하여, 발성 모양과 손짓의 특징에 기초를 둔 손짓언
어의 개념을 사용했다. 그는 자연적 몸짓은 가장 보편적인 언어 표
현의 한 형태라고 주장했다. 그는 또한 1648년에 출판된「농아자의
친구(Deafe and Dumbe Man's Friend)」라는 책에서 지문자 커뮤
니케이션의 시스템을 기술하고 있으며, 듣지 못하는 자가 상대방이
말하는 입술의 움직임을 눈으로 관찰하는 정교한 기법을 기술하고
있다. 말하자면, 벌웰(Bulwer)은 당시에 이미 오늘날 우리가 사용하
고 있는 수화, 지문자, 독화 등의 원리를 농아자를 위한 커뮤니케이
션의 수단으로 생각하고 있었던 것이다.

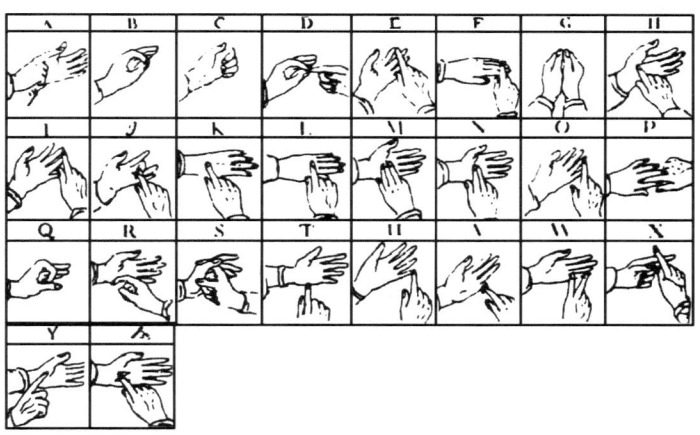

도 2. 영국의 양손 지문자(Digiti Lingue, 1698)

당대의 뛰어난 언어 이론가인 옥스퍼드의 조지 달가르노(George
Dalgarno)는 1680년「농아자의 개인교수(the Deal and Dumb Man's
Tutor)」에서 한 손의 특정 부위에다가 다른 한 손을 가지고 지적함으로
써 표시되는 일종의 지문자 체제를 기술하고 있다. 그는 농아동도 일
반아동과 유사한 방법으로 언어를 학습할 수 있도록 하기 위해 어릴
때부터 지문자를 익혀야 한다고 제안하고 있다. 달가르노(Dalgarno)

의 지문자 체제는 그 후 영국에서 사용된 지문자 형태와는 많이 달랐으며, 초기에 영국의 지문자 체제는 1698년에 다듬어진 손가락 언어(digiti lingua)에 많은 영향을 받았다. 프랑스의 초기 농교사인 빠레르(Perejre)는 전술한 보넷(Bonet)에 의해 사용된 손짓 알파벳을 적용하였으나, 그는 보넷의 방법을 수정하여 프랑스 문어(文語)의 철자에 기초할 뿐만 아니라, 프랑스 구어의 음성학적 특성을 반영한 손의 구성 모양을 개발하였다. 그가 개발한 이 발성학적 지문자 체제는 오늘날 사용되고 있는 음성학적 지문자와 입술 읽기를 손짓 단서로 보조하는 "cued speech"의 선구가 되고 있다. 수화체제에 대한 깊은 연구는 드 레뻬(Abbé Charles Michel de l' Epée)의 활동과 함께 시작되었다. 그는 구화 및 입술 읽기와 함께 보넷(Bonet)의 저술에 기초한 손짓 알파벳을 활용하였다. 그는 손짓 언어는 농아자를 위한 가장 자연스런 언어라는 생각에서 프랑스어의 문법에 맞는 체계적 수화를 개발하였다. 이것은 오늘날 구어의 정확한 어순에 따라 수화를 체계화한 현대 수화체계의 선구가 되고 있다. 드 레뻬(de l' Epée)가 수화사전의 편찬에 착수한 이래, 파리 농학교의 교장으로서 그의 후계자가 된 시까르(Abbé Roch Sicard, 1818)에 의해서 그 작업이 완성되었다.

시까르(Sicard)는 자연 수화의 사용에 반기를 들고, 체계적 수화와 함께 프랑스어의 문형에 따른 지문자를 활용하였다. 구화와 독화 외에 수화, 지문자, 필담 등의 활용에 기초한 교수 접근은 당시 하이니케(Samual Heinicke)에 의한 구화 교수법인 독일법과는 상반되는 프랑스법으로 널리 알려지게 되었다. 프랑스법은 그 시작 단계부터 미국의 농교육에 큰 영향을 미쳤다. 1815년에 갈러뎃(Thomas Hopkins Gallaudet)은 유럽으로 건너가 런던에서 구화법을, 파리에서 수화법을 익히려고 하였으나, 런던에서 브레이드우드(Braidwood)의 구화법을 연구하는 것이 어렵게 되자, 1816년에 시까르(Sicard)가 적용하는 수화법을 익히기 위해 파리로 갔다. 그는 끄렐(Laurent Clerc)(역자주:

도 3. 19세기 중엽 프랑스의 한 손 지문자

당시 파리 농학교의 농교사로서 그 자신이 농아자임)을 동반해서 귀국
하여, 1817년에 코넥티캐의 하트포드에 오늘날 American School for
the Deaf로 알려진 농학교를 설립하였다. 초기의 수화 사용은 틀에 박
힌 형태를 사용하였고, 그 다음에 지문자가 개발되었으며, 이어 문자
언어도 활용되었다. 갤러뎃(Gallaudet)의 두 아들 가운데 막내인 에드
워드 마이너 갤러뎃(Edward Miner Gallaudet)은 선조의 업적을 기념
하기 위해 워싱턴(D. C.)에 농학생을 위한 고등교육 기관인 갤러뎃 대
학(Gallaudet College)을 설립하여 초대 총장이 되었다. 당시 갤러뎃
대학에서 교수를 위한 커뮤니케이션 방법은 구화 및 독화와 함께 수
화와 지화를 포함했다. 갤러뎃(E. M. Gallaudet)은 이 접근을 결

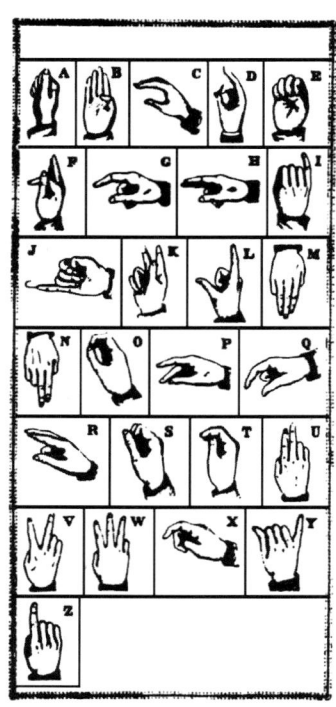

도 4. 19세기초 미국의 한 손 지문자

합법이라고 했다(Gordon, 1892).

구화 일변도를 표방하는 클라크(Clarke) 농학교가 매사추세츠 주의 노스 암프톤에 설립되기까지, 다른 주에는 계속 수화를 위주로 하는 농학교가 설립됨으로써, 수화 커뮤니케이션의 활용은 농교육 현장에서 더욱 지배적으로 존속되어 왔다. 구화 일변도의 접근을 수정하게 한 주목할 만한 한 시도가 뉴욕주의 로체스터 농학교에서 일어났다. 처음에 제노스 웨스트벨트(Zenos Westervelt)는 단지 구화와 영어의 정확한 문법적 어순에 따른 지문자의 사용을 제안했다(Westervelt 1878). 이는 그간 몇 차례 다듬어져 오늘날 로체스터(Rochester)법으로 알려지게 되었다. 19세기 후반 이래, 미국에는 두 개의 주류를 형성하는 교육 철학이 있었는데, 그 하나는 일방적으로 구화 교수만을 지지하는 것이며, 다른 하나는 구화와 수화 매체를 결합하여 사용하는 것을 지지하는 입장이다. 유럽에 있어서는 1880년 밀라노(Milan)의 국제 농교육자 회의에 영향을 받아, 구화 일변도 주의가 지배적인 우위성을 차지하고 있었다. 이들 두 입장의 전통은 20세기에 와서도 그대로 존속해 오고 있다.

미국에서 새로운 접근

20세기 중엽에 구화 접근을 위해 대단히 중요한 의미를 지니는 새로운 기술 개발이 이루어졌다. 벨(Alexander Graham Bell)에 의한 전화의 발명과 그에 따른 음의 전자공학적 증폭원리의 발명은 마침내 청력을 측정하기 위한 청력계(audiometer), 어음을 증폭해 주는 보청기(hearing aid)를 개발하는 데 기여하게 되었다. 청각과 농의 과학인 청각학(audiology)이 새로운 전문 분야로 등장하게 되었다.

청각학의 선구자는 1914년에 세인터 루이스에 Central Institute for the Deaf를 설립한 골드슈타인(Max Goldstein) 박사였다. 그는 잔존청력의 훈련을 위한 한 책략을 개발하여, 종래의 구화법이니 수

화법이니 하는 것과 구별하여, 이를 청각법(acoustic method)이라고
했다(Goldstein, 1933). 청각학적 지식과 기술에 있어 계속되는 진전
은 고성능의 보청기를 청각장애자들이 활용하게 함으로써 많은 도움
을 주었다. 구화주의의 현대적 개념은 청력 손실의 조기 발견, 농유
아 부모에 대한 가이던스, 잔존청력의 훈련과 구화를 위한 증폭기의
활용 등을 강조하고 있다. 말의 수용을 위한 잔존청력의 활용에 대
단한 중요성을 인정하고 있는 접근을 구화/청각법(oral/aural)이라고
한다. 구화와 수화 양쪽 매체를 사용하는 결합법의 활용이 주로 상
급 학년 학생들을 대상으로 미국에서는 꾸준히 지속되어 왔다. 고등
교육 수준에서 갈러뎃 대학은 구화 및 독화와 더불어 수화와 지문자
를 사용하는 결합법을 적용해 왔다.

　미국에 있어 대부분의 주립 농학교들은 초등 단계에서는 구화교수
에 주로 의존해 왔으나, 상급학년에서는 수화 커뮤니케이션을 도입하
는 태도를 취했다. 그러나 대부분의 사립학교와 공립학교 내의 특수
학급들은 구화 일변도의 관점을 여전히 견지해 왔다(Garretson,
1976b). 1950년대 중반까지 미국의 학교에서 나이 어린 농아동에게
구화법으로 교육을 시작하는 것은 하나의 관례였다(Elstad, 1955).
1964년 팔버그(Falberg)의 연구에 의하면, 미국의 농학교에서 고등
학교 과정의 단계에 이르기까지 수화는 공식적으로 학생들에게 가르
쳐지지 않았다고 보고되고 있다.

　1960년대에 농아동의 교수 방법에 대한 전통적 관점에 대해 미국
의 농교육자들은 점차 깊은 회의를 가지기 시작했다. 즉, 구화 접근
에 의해 초래된 결과의 사태에 대해 마침내 많은 불평을 제기하게
되었다. 버농(Vernon)(1971)은 1960년대에 이루어진 몇몇 선행 연구
들을 종합해 본 결과, 전체 농학생 가운데 30%는 문맹 상태였고,
60%는 읽기 능력이 5학년 수준 혹은 그 이하였고, 단지 5%만이 10
학년 수준 혹은 그 이상에 도달하고 있었는데, 이들은 대부분 난청
이거나 언어 습득 이후에 농이된 학생들이었다. 학교에서 농학생들

의 학업 성취도는 많은 문제점을 제기하고 있다. 1974년에 걀러뎃 대학의 인구통계 연구소(Office of Demographic Studies)에서 농학생들에게 전국 표준학력검사를 실시하였는데, 1960년대에 초등교육을 마친 20세 된 농학생 가운데, 보통수준 학생들의 읽기 능력이 5학년 수준 이하로 떨어져 있었으며, 단지 10%만이 8학년 수준 이상의 읽기 능력을 나타내고 있음을 보고하고 있다.

저학년의 조기단계 학교교육에서 구화 교수가 지배적이긴 했지만, 조기에 수화 커뮤니케이션의 효과에 대한 약간의 정보가 농부모를 가진 농아동을 관찰함으로써 얻어질 수 있었다. 수화 커뮤니케이션에 의해 자란 농부모를 가진 농아들과 구화 커뮤니케이션에 의해 자라온 정상부모를 가진 농아동 간의 언어 및 교육적 성취수준을 비교해 본 일련의 연구가 행해졌다. 이들 연구들은 일반적인 교육 성취도를 비롯해서 발달의 여러 측면(Stevenson, 1964), 독화 능력(Stuckless와 Birch, 1966), 그리고 문자언어와 사회성숙(Meadow, 1968) 등에 걸쳐 조기에 수화 커뮤니케이션을 사용한 집단이 유리한 영향을 받고 있음을 밝히고 있다. 한편 학교현장에서 행해진 일부 임상실험 연구에 의하면, 구화매체와 더불어 지문자를 활용한 결합법이 아동의 읽기 능력을 촉진시켰으며(Hester, 1963), 또한 문자언어와 독화(Quigley, 1969)도 신장시켰다고 보고하고 있다.

위와 같은 연구들의 결과 해석에 있어 몇 가지 유의점이 요구되고 있다. 농부모를 가진 농아동은 정상부모를 가진 농아동에 비해 선천성 농이 더 많이 출현하고 있다는 점이다. 따라서, 정상부모를 가진 농아동은 뇌손상의 출현빈도가 훨씬 높은 경향이어서, 그로 인해 언어발달과 교육적 발달에 불리한 영향을 받을 수 있다. 버농(Vernon)과 코오(Koh)(1910)는 이 변수를 고려에 넣어 한 연구를 수행했다. 즉, 그들은 선천성 농으로 알려진 정상부모 가정의 농아동들만을 대상으로 선정하여 비교해 보았다. 본 연구에서 버농과 코오는 여전히 농부모를 가진 농아동들이 보다 나은 교육적 성취수준을 나타내고 있음을 발견하게 되어, 이것은 수화 커뮤니케이션에 의한 조기의 경험에 기인한다는 결론에 도달하게 되었다. 나이 어린 농아동에게 결합법에 의한 교수접근을 적용한 결과에 대한 효과를 알아보기 위해, 브릴(Brill)과 파헤(Fahey)(1971)에 의해 실험 프로그램이 적용된 바 있다. 리버사이드에 있는 캘리포니아 농학교에서는 1학년부터 12학년에 이르기까지의 농학생들(5세 이하의 농아동들은 단어의 지문자를 학습할 정도로 성숙해 있지 않기 때문에 제외하였음)을 대상으로 구화 커뮤니케이션과 함께 지화(指話)를 사용하여 왔으며, 1969년부터는 3세에서 5세까지의 취학 전 농아동에게 구화 커뮤니케이션과 함께, 수화, 구화, 그리고 독화의 발달을 관찰해 본 결과, 이들 아동들이 구화 일변도의 교육을 받아온 아동들보다 더 좋은 진전을 보이고 있음을 발견하게 되었다.

이와 같이 일련의 연구 결과들은 한결 같이 구화 일변도 방법의 단점을 지적하고, 결합된 커뮤니케이션 방안이 보다 효율적이라는 것을 밝히고 있으나, 이들 결과에 대한 수용은 여전히 쉽게 이루어지지 않고 있다. 그러나 시간이 지남에 따라 점차로 새로운 태도를 보이기 시작했다.

가렛손(Garretson)(1976b)은 1960년대에 일단의 전문가들이 구화·청각적 접근과 더불어 수화법의 가치를 충분히 인정하고 있음을 지적하고 있다. 수화 커뮤니케이션에 대한 이론적 관심은 레너버그(Lenneberg)(1967, p.320)라든지 촘스키(Chomsky, Vernon, 1972에서 인용) 등과 같은 언어학자들이 농아자들을 위한 구화 일변도 커뮤니케이션에 대해 비판적인 견해를 표명함으로써 점차 증가되었다.

이와 같이 수화에 대한 관심이 증대됨에 따라, 구화와 수화를 결합하여 사용하는 것을 지지하는 보다 자유로운 관점이 대두하게 되었다. 이것이 바로 오늘날 토털 커뮤니케이션으로 알려지게 된 것이다.

미드(Margaret Mead, 1964)가 지적하는 바와 같이 토털 커뮤니케이션은 농자를 위한 자유로운 커뮤니케이션 접근과 관련된 것이다.

가렛손(Garretson)(1976b)은 토털 커뮤니케이션이라는 용어는 1968
년에 캘리포니아의 산타 아나에서 홀콤(Roy Holcomb) 박사가 농아
동을 가르치기 위한 커뮤니케이션에 있어, 융통성 있는 접근을 취할
것을 진술함으로써 처음 사용되기 시작했다고 보고하고 있다. 이 용
어는 농교육계에 재빨리 채택되어, 같은 해에 덴턴(David Denton)박
사는 매리랜드(Maryland) 농학교에서 이 철학을 적용하였다.

덴턴(Denton)박사[1]는 토털 커뮤니케이션 접근은 "아동이 고안한
손짓이나 몸짓, 수화, 독화, 지문자, 읽기, 쓰기…… 구화와 독화 기
능을 돕기 위한 잔존청력의 개발 등 언어의 모든 양식을 포괄하는
접근"이라고 기술하였다.

불완전한 독화를 돕기 위해 지화와 수화의 중요성이 강조되어 왔
다. 버농(Vernon)(1972)은 "독화의 제한성을 현실적으로 인정함으로
써 일반아동이 구화로 커뮤니케이션을 하는 것과 같이 농아동도 불
투명하지 않는 하나의 체제를 통하여 커뮤니케이션 할 수 있는 기회
가 주어져야 한다"고 주장하고 있다. 구체적 상황에서 커뮤니케이션
의 요구를 충족시키기 위해, 그 기능을 조정하기 위한 책임은 일반
인에게나 농자에게나 꼭 같다는 입장에서 토털 커뮤니케이션에서는
다음의 관점이 강조되고 있다.

토털 커뮤니케이션은 농자끼리든 농자와 일반인 간에든 커뮤니케
이션의 모든 수단을 활용하는 것을 의미한다. 그것은 일반인에게 구
화, 수화, 지화, 그리고 필담 등을 활용할 것을 요구한다. 또 그것은
농자에게도 이들과 꼭 같은 요건을 갖추기를 요구한다. 또한 농자에
게 그의 잔존청력을 활용하기 위한 모든 노력을 다할 것을 요구한다
(Merrill)[2].

---

1) Denton, D.M. Remarks in support of a system of total communication
   for deaf children. Communication Symposium, Maryland School for
   the Deaf, Frederick, 1970.

2) Merrill, E. C. President, Gallaudet College, Washington, D. C. Personal communication, 1973.

커뮤니케이션에 대한 복합 매체 접근의 관점이 보다 큰 지지를 얻게 되자, 1975년 런던에서 개최된 국제 세미나에서 브릴(Brill, 1976)은 토털 커뮤니케이션에 대해 다음과 같이 언급하고 있다.

> 토털 커뮤니케이션은 커뮤니케이션의 모든 양식을 다 활용하는 것이다. 이것은 수화체제, 지화, 구화, 독화, 증폭, 몸짓, 팬터마임, 그림, 쓰기 등의 활용을 포함하며, …… 표현 양식으로는 구화, 수화 커뮤니케이션의 유형 중 하나, 그리고 증폭 등과 같은 것을 동시에 적용하도록 하는 것이다. 개인에 따라 특별한 양식에 의해서만 혹은 동시에 둘이나 그 이상의 방안에 의해서 언어를 받아들일 수도 있다(p.80).

구화 일변도 접근에 대한 가장 심각한 이반(離反)은 수화의 중요성에 대한 인식에서부터 비롯되었다. 물론 농교육자들 가운데 수화의 사용에 대해 전적으로 동의하는 사람은 없었다. 스코우튼(Scouten)(1973)은 구화와 더불어 지문자의 사용을 강력히 지지하고 있지만, 토털 커뮤니케이션은 구화 발달을 저해할지도 모르고, 또 수화의 사용은 영어 능력의 개발을 방해할지도 모른다는 입장에서 토털 커뮤니케이션의 입장에 회의를 표하고 있다. 그러나 수화를 지지하는 데 전적으로 동의하는 입장도 있다. 스토코(Stokoe)[3]는 만약 토털 커뮤니케이션이 주장하는 바대로라면, 그것은 미국 영어와 시각적 상징의 모든 것을 포함하는 것 이상의 보다 포괄적인 전체성을 그 속에 포함하지 않으면 안 된다고 하여, 농교육에 있어 하나의 경향성으로서 토털 커뮤니케이션은 사인(즉 미국 수화: ASL)의 활용과 그것에 대한 체계적인 지식을 포함해야 한다는 것이다.

스터클레스(Stuckless)(1976)는 토털 커뮤니케이션 용어는 상이한 사람들에게 상이한 의미를 지니고 사용되고 있다고 했다. 어떤 사람

---

3) Stokoe, W. C. It takes two to total Paper presented at Maryland School for the Deaf, Frederick, 1972.

들에게는 토털 커뮤니케이션의 기본적 요건이 수화 커뮤니케이션으로, 다른 사람들에게는 적절히 선택적으로 사용될 경우 타당성을 가지는 일종의 기법으로 인식되기도 한다. 가렛손(Garretson)(1976b)은 토털 커뮤니케이션은 다음 세 측면에서 대체적인 합의점이 발견된다고 했다. 즉, (1) 그것은 하나의 방법이라기보다 철학이라는 점, (2) 그것은 개인의 커뮤니케이션 요구 및 표현, 수용 양식에 따라서 구화와 수화매체를 결합하는 것이며, (3) 그것은 커뮤니케이션 장면에서 가장 적합할 뿐만 아니라, 전반적 이해를 돕기 위해 최대의 투입을 하는 청각장애자에 대한 도덕권이다(p.89).

이상의 관점에서 가렛손은 토털 커뮤니케이션에 대한 자신의 견해를 다음과 같이 진술하고 있다.

> 토털 커뮤니케이션은 하나의 방법도 예정된 교수체제도 아니다. 그것은 애매성, 막연한 추측, 그리고 긴장 등으로부터 농자를 해방시키기 위한 융통성 있는 커뮤니케이션의 분위기를 존중하는 하나의 철학적 접근이다. 다양한 대화 양식간의 수직적 차별을 없애고, 인간간의 상호 작용을 위한 수용 가능한 도구로서, 모든 언어양식에 대해 적합한 지위를 인정해 주자는 것이다(Garretson, 1976b, p.90).

1976년에는 토털 커뮤니케이션에 대한 공식적 정의를 공표할 정도로 그 관심이 증대되었다. 미국 농학교 실행 협의회(The Conference of Executives of American Schools for the Deaf) 제48차 회의가 뉴욕 로체스터에서 개최되었는데, 이 회의에서 토털 커뮤니케이션에 대한 공식적인 정의가 채택되었다.

> 토털 커뮤니케이션은 청각장애자와 일반인 간에 그리고 청각장애자끼리 효과적인 커뮤니케이션을 확립하기 위해 청각적, 구화적, 수화적 커뮤니케이션 양식을 적절히 융합(incorporating)하고자 하는 철학이다. 이 공식적 정의에서 주목할 만한 점은 구체적 상황의 필요에 따라

적절한 매체를 선택적으로 활용하는 절충적 태도로서 토털 커뮤니케이션의 개념을 강조하고 있다는 점이다. 그 후 교육 현장에서 이를 적용함에 있어, 커뮤니케이션에 필요한 매체들이 어떻게 활용되어야 하는가에 대한 방법론적 측면보다, 구화와 수화매체의 수용에 대한 하나의 철학적 태도로서 토털 커뮤니케이션의 해석을 강조하여 왔다.

이 관점은 걀러뎃(Gallaudet) 대학 입학준비 프로그램(Pre-College Programs)의 개발 기술에서 다음과 같이 잘 예증되었다.

토털 커뮤니케이션은 하나의 방법이 아니라, 어떤 주어진 커뮤니케이션 상황에 접근하기 위한 하나의 철학이다. 그것은 커뮤니케이션의 모든 방안이 모든 상황에서 개인에게 효과적일 수 있다고 보지 않으며, 그 개인에게 가장 효과적이 될 수 있는 커뮤니케이션 양식들의 선택 혹은 적절한 결합에 대한 책임을 묻는 것이다(Cokely, 1979, pp.9~10).

영국에서의 변화

미국에서의 변화 동향은 영국에서도 유사하게 일어났다. 즉, 영국에 있어 청각장애아의 교육적 성취 수준에 대한 관심은 커뮤니케이션에 대한 태도와 실천에 있어, 미국과 비슷한 변화를 가져오게 했다. 1950년대 동안에, 농교육에 대한 공적 영향의 대부분은 구화 일변도 철학에 집중되었다. 교사들은 구화법만을 사용하도록 훈련되었으며, 커뮤니케이션 연구는 주로 잔존청력의 활용, 독화, 그리고 말의 식별력 등에 관련된 것이었고, 부모에 대한 조기의 가이던스가 구화와 독화를 위해 강조되었다. 적어도 공식적으로는 영국의 대부분 농학교에서 구화 일변도의 교수법을 사용하도록 한 것은 그리 놀라운 일이 아니다. 1960년대 중반경에 전일제(全日制) 프로그램에서 특수교육 조처를 받아야 할 대부분의 청각장애 아동들도 난청 아동을 위한 정규학교 내의 특별학급에 배치되어 있었다. 일반학교에 청각장애아의 통합 동향이 지속됨에 따라 자연히 특수학교에는 더욱 장애가 무거운 아동들로 점유되었고, 이와 같은 경향은 농학교에서 구화 일변도 교수의 적합성에 대한 의문을 제기하게 했다.

1964년에 영국 문부성에서는 농분야의 탁월한 교육자인 레위스(Michael Lewis) 교수를 위원장으로 하는 한 위원회가 농아동의 교육에 있어 지화와 수화의 가능한 위치를 검토하기 위해 조직되었다. 당시 위원들의 대부분은 구화 커뮤니케이션의 입장을 강하게 지지하고 있으면서도, 구화 교수의 제약성을 개선하기 위한 방안을 주장했다. 그래서 이 위원회는 커뮤니케이션에 있어 수화매체의 도입이 과연 농아동의 교육 개선을 위해 기여할 수 있는지의 여부를 결정하기 위해, 또 구화와 수화매체를 결합하는 것의 효과를 평가하기 위해 구체적인 연구가 행해져야 한다는 것을 제안했다. "레위스(Lewis) 보고서"로 널리 알려져 있는 이 보고서는 구화 교수 결과에 대한 평가와 결합 교수법의 도입을 포함해서, 1970년대에 영국 농학교에 있어 커뮤니케이션의 과학적 탐구를 위한 방향을 제시해 주고 있다. 커뮤니케이션의 방법에 관한 한 연구에서 로다(Rodda), 고드세이브(Godsave), 그리고 스티븐스(Stevens)(1974) 등은 구화법에 의해 교육된 아동 가운데 소수의 농아동만이 다른 사람이 이해할 수 있는 구화와 좋은 독화 능력을 나타냈다고 보고하고 있다. 구화법이 소리에 기초를 둔 방법론으로서 생활의 방편으로 받아들여지기 위해 얼마나 많은 아동들이, 얼마나 많은 장면에서 실제적인 교육 진전을 보이지 못한 채 실패를 거듭해 왔으며, 얼마나 많은 교사들에 의해서 그렇게 지도되어 왔던가 라고 그들은 묻고 있다. 물론 그들도 일부 아동들은 구화 교육에 의해 도움을 얻을 수 있고, 또 모든 농아동은 가능한 한 구화와 독화로 가르쳐져야 한다는 것을 강조하고 있으나, "좋은 구화와 독화를 성취한 소수 집단이 언어 습득 이전에 심한 농이된 아동을 수용하는 농학교에서 다른 커뮤니케이션 체제를 일방적으로 배타할 만큼 충분한 방어력을 가질 수 있는가?" 하는 점에 의문을 제기하고 있다.

1976년에 국립 농자 연구소(The Royal National Institute for the Deaf)는 농교육에 있어 최근에 사용되는 커뮤니케이션 방법에 관한 주요 국제 세미나의 자료를 출판한 바 있다. 영국, 아일랜드, 홀랜드, 미국 및 캐나다 등지로부터 참여한 20여 명이 발표한 보고서가 소개되었다. 교육, 심리, 정신의학, 혹은 사회 사업가 분야의 권위자 가운데는 여전히 지배적으로 구화 일변도 주의를 지지하는 사람들(Braybrook: Lowell: Reeves: Watson)도 있었으나, 농아동을 위해 구화와 수화매체의 결합된 활용을 주장하는 사람들(Brill: Craig: Davis: Denmark: Evans: Verney: Meadow: Montgomery: Reed: Stuckless: Verney: Vernon)도 있었다. 이들 보고서의 요약에서 콘라드(Conrad)(1976)는 "구화주의가 성취해온 것을 정확히 평가하는 것"에 대한 곤란성을 지적하고 있다. 콘라드(Conrad) 자신은 영국에서 구화 교육의 우월성을 지지하는 사람 중의 하나였다. 옥스퍼드 대학교에서 그의 동료들과(Kyle, Morris, Mckenzie, 및 Weiskrantz 등) 함께 콘라드(Conrad)(1979)는 1974년에서 1976년까지 영국에서 학교 교육을 받은 언어습득 이전에 농이된 아동 468명(농학교 취학자 359명, 난청학급 128명)을 대상으로 실제 성취 수준에 대한 종합적 연구를 수행한 바 있다. 본 연구에서 콘라드는 언어 발달에 있어 만족할 만한 성취가 결여되어 있음을 발견하게 되었다. 언어에 있어 일반적인 진보와는 별개로 구화 일변도주의 교육의 이론적 정당성은 구어의 수용, 구어의 내면화, 언어의 구어적 표현 등을 증진시키기 위한 확실한 가능성에 기초를 두지 않으면 안 된다. 콘라드의 연구 결과는 성공적 구화를 위한 이들 구체적 준거들이 전반적으로 충족되고 있지 않음을 지적하고 있다. 그는 독화, 내면화된 언어, 구화 등에 있어 불만족스러운 수준을 발견하게 되었다고 했다.

레위스(Lewis) 보고서는 구화와 수화매체의 결합에 의한 효과를 알아보기 위해 연구를 수행한 것인데, 1973년에 교수 방법으로서 수화매체의 개발 연구가 노슨 카운티(Northern Counties) 농학교와 뉴캐슬(Newcastle) 대학교가 협력하여 문부성의 지원을 받아 수행된 바 있다. 이 연구에서는 구화 매체와 함께 지문자와 수화 지도를 포함하였다. 본 연구의 결과 수화 커뮤니케이션의 새로운 형태가 농아동에게 재빨리 학습될 수 있었으며, 결합된 매체가 영어의 이해와 수용에 유익한 영향을 미치고 있음을 확인하게 되었다(Savage, 1981).

1970년대 후반에 와서 몇몇 영국 농학교들은 그들의 교수 접근으로서 결합법을 도입하거나, 토털 커뮤니케이션의 개념을 적용했다. 이들 학교 가운데는 옛날부터 있었던 전통 있는 농학교도 있고, 최근에 설립된 농학교도 포함되어 있다. 특히 남부 잉글랜드에서 교수 방법으로 독화, 구화, 잔존청력의 활용, 수화, 지화 등을 결합하는 가장 효율적인 방안을 개발하는 데 폭넓은 관심을 보였다. 스코틀랜드에서도 수화와 지화의 영향을 알아보기 위한 연구(Montgomery, 1966, 1968: Montgomeri and Lines)[4]가 행해진 바 있으며, 농학교에서 토털 커뮤니케이션 개념을 두루 적용하기 시작했다. 사회 사업가인 베르네이(Verney)(1976)는 토털 커뮤니케이션 가운데 수화적 요소는 성인 농자들에 의해서 이미 사용되고 있는 수화에 근거하여, 표준화 내지 체계화가 이루어져야 한다고 주장하고 있다.

세계적 동향

토털 커뮤니케이션의 영향은 북미로부터 전 세계에까지 급속히 파급되었다. 농교육 분야에 있어 미국과 캐나다 간에 긴밀한 상호작용이 이루어지고 있다. 토털 커뮤니케이션의 개념은 캐나다에서도 즉

---

4) Montgomery, G. W. G., & Lines, A Comparison of several single and combined methods of communicating with deaf children. Paper presented at Seminar on Visual Communication held at Northern Counties School for the Deaf, Newcastle upon Tyne, 1976.

각 지지를 얻게 되었다. 브리티시 컬럼비아(British Columbia) 대학교의 정신과 의사인 프리만(Roger Freeman) 박사는 가장 강력한 지지자 중의 한 사람이다.

유럽의 다른 나라와 마찬가지로 1880년 밀라노 국제회의의 영향은 이미 수화를 사용해 왔던 스웨덴에까지 강하게 영향을 미쳤다. 여러 해 동안 성인 농자들은 학교에서 수화를 재교수 할 것을 촉구해 왔지만, 아무런 소용이 없었다. 1950년대에 청각학의 진전은 구화 일변도로 교수함으로써 좋은 성과를 얻을 수 있을 것이라는 기대를 부풀게 했지만, 그 구체적 성과를 보증하기는 어려웠다. 결국 60년대 중반경에 커뮤니케이션 방법에 대한 대안을 찾는 데에 관심을 기울였고, 이는 곧 수화에 대한 보다 개방적인 태도를 갖도록 자극했다. 수화는 스웨덴 농학교 교육과정 속에 정규 교과과정으로 포함되어 있다. 스웨덴의 전국 농자협회는 모든 교육단계에서 부모들에게 수화의 수용을 적극 권유하였지만, 현장 학교에서는 토털 커뮤니케이션의 도입을 여전히 회피하였다.

덴마크에서도 토털 커뮤니케이션에 대한 현저한 수용이 확립되었다. 1980년에 가벼운 청력 손실을 가진 아동들의 대부분은 다양한 수준의 특별지도를 받는 가운데 일반 학교에 통합되었다. 난청아동은 일반 학교내의 특수교육 단위에 배치되었으며, 일부 난청아동을 포함한 대부분의 농아동은 네 개의 기숙제 농학교에 출석하고 있었다. 또한 의무교육을 마친 16세 이상 되는 학생들의 계속 교육을 위해 한 개의 국립 기숙제 대학이 있었다. 대부분의 특수교육 단위와 전체 농학교, 그리고 고등교육 기관에서는 토털 커뮤니케이션을 적용했다. 덴마크에 있어 토털 커뮤니케이션은 덴마크 수화(Danish Sign Language), 사인으로 된 덴마크어(Signed Danish), 그리고 독화를 보조하기 위한 입-손의 시스템을 활용하고 있다(Hansen, 1980).

특히 덴마크에서는 「토털 커뮤니케이션 센터」(Center for Total Communication)라는 것이 있어 강한 영향을 미쳐왔다. 이 센터의 입장에 의하면, 토털 커뮤니케이션은 하나의 교수 방법이라기보다, 커뮤니케이션 매체의 활용에 대한 하나의 태도로서 그 개념이 강조되고 있다.

이 센터는 토털 커뮤니케이션은 의사소통 방법도 아니고, 더욱이나 어떤 교수법도 아닌 하나의 의사소통 철학이라고 주장한다. 토털 커뮤니케이션은 상이한 언어 지각과 표현을 가지는 인간 존재간에 성공적이고도 균등한 의사소통이 이루어지도록 하는 하나의 접근이다. 토털 커뮤니케이션은 상대방을 이해하고 자기 자신을 상대방에게 이해시키기 위해 모든 다양한 수단을 기꺼이 활용하려는 것이다 (Hansen, 1980, p.22).

덴마크는 진보적인 청각학적 서비스와 선진적 보청기 기술을 가진 나라로 잘 알려져 있다. 코펜하겐 대학교의 청각학 연구소에서는 구어매체 및 청각기법과 함께 수화매체의 중요성도 인정하는 복합매체 접근으로써 토털 커뮤니케이션의 장점을 지원하고 있다.

홀랜드는 아인드호번에 있는 성 미치엘스게스텔(St. Michielsge-stel) 농학교의 활동에 특히 영향을 받아 구화 일변도를 취한 나라로 잘 알려져 있으나, 그 곳에서 조차도 이제 변화가 일어나고 있다. 성 미치엘스게스텔 농학교에서도 구화 일변도에 의해서 소기의 성과를 기대하기가 어려운 아이들은 구화와 독화에다가 지문자를 활용하는 결합법에 의해서 지도되고 있다(Van Uden, 1974). 구화 사용을 장려하고 몸짓에 의한 커뮤니케이션을 금하고 있는 1950년대 말에 설립된 홀랜드의 가정훈련 프로그램은 실제로 아동의 언어발달을 촉진하는데 거의 성공하지 못하고 있다고 테르부르트(Tervoort)[5]는 지적했다.

그는 어머니와 아이간에 생활의 출발 단계에서 언어의 모든 양식

---

5) Tervoort, B. T. What is the native language of a deaf child. Studies in honour of Professor B. Siertsema. University of Amsterdam, Institute for General Linguistics, 1979.

들(modalities)을 활용하는 것은 자연스러운 과정이라고 주장하고 있다. 그는 개인의 요구에 따라서 구화나 수화매체 둘 중 하나 혹은 양쪽 모두를 활용하는 것을 강조하는 하나의 선택된 과정으로서, 토털 커뮤니케이션의 개념을 지지하고 있다.

농아동과 커뮤니케이션을 하는 한 각 케이스에 따라 가장 효율적인 양식이 존중되어야 한다. 일반적으로 그것은 결합적 형태가 될 것이다. 잔존청력의 강력한 활용이 수화와 마찬가지로 명백히 포함되나, 첫 번째 양식 없이도 이해가 가능하거나, 두 번째 양식 없이도 의사소통을 할 수 있는 사람일지라도 역시 토털 커뮤니케이션이 적용될 수 있다.

탁월한 언어학자들의 이와 같은 생각은 토털 커뮤니케이션의 폭넓은 수용을 반영하는 것이며, 또 언어획득에 있어 토털 커뮤니케이션의 적합성에 대한 이해를 증진시키는 것이 된다. 세계의 다른 지역에서도 토털 커뮤니케이션의 수용이 이루어졌다. 이를테면 말레이시아의 페낭에 있는 국립 농학교는 원래 구화 일변도를 원칙으로 해서 설립된 것이지만, 결국 그와 같은 방침에 의해 얻어진 결과에 불만족하게 되자, 하나의 새로운 변화가 일어나게 되었다.

미국과 영국에서 강력한 개발 연구가 추진된 이후, 농학교 교장들은 농아동의 지도를 위해 결합된 접근을 도입했다(Isa)[6]. 토털 커뮤니케이션의 철학은 이제 자메이카(Campbell)[7]와 코스타리카(Compos)[8]에까지도 농교육 실천에 영향을 미치게 되었다.

오스트레일리아에서는 과거부터 구화 일변도의 학교와 결합법을 사용하는 학교가 병존해 오고 있었으므로, 미국이나 일부 유럽 나라

---

6) Isa, Y. Principal, Federation School for the Deaf, Penang, Malaysia, Personal communication, 1972.
7) Campbell, H. Jamaica Association for the Deaf, Kingston. Personal communication, 1980.
8) Campos, G. Mima Bravo Association, San Jose, Costa Rica. Personal communication, 1981.

들에서보다 농교육에 대한 견해차가 극단적으로 나타나지는 않았다. 한 오스트레일리아 교육자에 의하면(Jeanes)[9], 1970년대 말까지 모든 주들은 일반 학교에서 교육받는 청각장애 아동들에 대한 보충지도를 위해 토털 커뮤니케이션을 실천해 왔다고 한다. 이들 학교에 있어 일반적 접근은 구화 커뮤니케이션과 함께 오스트레일리아의 수화에 기초한 영어 수화를 하는 것이었다고 한다. 토털 커뮤니케이션은 교수의 정밀한 방법이라기보다, 개인적 요구나 상이한 상황을 충족시켜 주기 위해 적절한 매체를 활용하는 개방적 태도로서 발달되어 왔다. 그래서 토털 커뮤니케이션은 하나의 방법이 아니라, 철학이라는 입장이 강조되어 왔다. 그러나 철학만으로는 보다 성공적이거나 만족할 만한 결과를 보장해 줄 수가 없다. 교육에 있어 성취수준은 교수방법에 더욱 직접적으로 영향을 받게 된다. 철학은 어떤 매체가 효율적인 것이 되어야 하는가에 관심을 가지는 것이라면, 그들 매체가 어떻게 활용되어야 하느냐는 것은 방법론에 관한 문제이다. 다음 장에서 우리는 하나의 개념으로서 토털 커뮤니케이션이 교육실천상에 어떻게 적용되고 있는가를 논의하고자 한다.

---

9) Jeanes, R. C. Burwood State College, Victoria, Australia. Personal communication, March, 1981.

제2장 실천

　앞 장에서는 하나의 교육 운동으로서 토털 커뮤니케이션의 현대 철학적 기원에 대해 살펴보았다. 구체적 연구를 통해 구화 일변도 접근 결과에 대한 부정적 증거와 함께, 결합된 매체 커뮤니케이션에 대한 긍정적 효과가 밝혀짐에 따라, 변화를 위한 필요성이 제기되었다. 이 장에서는 구화와 수화매체의 활용을 지지하는 새로운 태도의 구체적 실천 과정과 미국을 중심으로 해서 다른 나라에 이르기까지 이 태도의 영향이 확산되어 가는 과정을 추적하고자 한다.

　토털 커뮤니케이션 철학이 무엇인가 하는 것은 이미 앞에서 논의 되었지만, 이제 토털 커뮤니케이션이 실제적 교수와 언어 발달을 위한 계획을 실천함에 있어 어떻게 활용될 수 있는가를 이해할 필요가 있다. 이것이 이 책 나머지 장들의 주요 관심사이다. 이 장은 토털 커뮤니케이션의 기본철학과 실제로 그것을 적용하는 구체적 방법간의 간격을 알아보기 위해 마련되고 있다.

실천상의 성과

　토털 커뮤니케이션이 교육 현장에 공식적으로 도입되던 때부터, 이미 미국에서는 꽤 널리 받아들여지고 있었다. 가렛손(Garretson) (1976)은 1968년에서 1976년 사이에 토털 커뮤니케이션 접근은 매 학년도마다 평균 열 개교씩 그 적용 범위가 확대되어 왔다고 보고하고 있다. 1975－76학년도에 미국 전역에 청각장애아를 위한 학교와 학급에서 사용된 커뮤니케이션 방법에 대한 조사가 조르단(Jordan), 구스타손(Gustason), 그리고 로센(Rosen)(1976) 등에 의해 수행된 바 있다. 이 설문조사의 목적에 따라 그들은 다음과 같이 네 개의 주요 "방법들"을 정의했다.

1) 구화/청각법: 수화적 단서 없이 보청기와 독화를 활용하는 것
2) 로체스트: 독화 및 보청기와 함께 지문자를 사용하는 것
3) 토털 커뮤니케이션: 수화, 지화, 독화 및 보청기를 사용하는 것
4) 큐드 스피치(Cued Speech): 독화를 위해 구화와 함께 활용되는 손의 단서에 대한 체계(p.527).

그들의 조사결과 커뮤니케이션 실제에 중대한 변화가 일어나고 있음이 지적되었다. 반응해 온 796 프로그램들(학교와 학급들) 가운데 43%는 그들의 실천에 있어 최근 변화를 보고했으며, 이 변화는 특히 취학 전 및 초등 수준에서 일어났다. 즉, 그 변화 동향은 구화 일변도 방법을 탈피하여 토털 커뮤니케이션을 지향하는 것이었다. 308 프로그램들이 청각장애아에게 수화로 교수를 제공했다. 반대로 팔버그(Falberg)(1974)의 보고에 의하면, 10년 전만 해도 수화로 공식적 교수를 실시하는 경우는 거의 없었다고 한다. 조르단(Jordan) 등에 의하면, 이제 급격한 변화가 일어나고 있어, 지금까지의 상황은 곧 옛것이 되어가고 있다는 것이다. 2년 뒤에 추적 조사를 실시해 본 결과(즉 1977－78학년도에), 642개 학교와 학급들에 취학하고 있는 31,285명의 학생들이 결합법에 의해 지도를 받고 있는 것으로 밝혀졌다. 이들 학생들의 구체적 구성비에 있어, 전체의 37%가 통합된 학급에 참여하고 있음에 주목할 필요가 있다. 1968년에서 1978년에 이르기까지 10년 동안 전체 프로그램 가운데 77%가 그들의 커뮤니케이션에 있어 새로운 변화를 나타냈다. 매년 변화 경향은 토털 커뮤니케이션의 증가 추세를 나타냈다. 당시 조사에 응답한 학급들 가운데 약 65%는 토털 커뮤니케이션을 사용하고 있었다. 이에 반해

약 35%만이 구화 일변도를 적용하고 있었고, 구화에 지문자를 결합한 로체스터법은 0.5%, 큐드 스피치도 겨우 전체 학급 가운데 0.2%에 불과했다.

본 조사에서는 또한 참고 자료의 출처로서 사용된 수화 교재를 알아본 결과, 특히 취학 전 및 초등아동에게 체계적인 영어 수화의 형태가 많이 활용되고 있음을 발견하게 되었다. 대부분의 프로그램들은 내적 표준화의 문제와 학교에서 수화의 계속적 사용 문제 등에 깊은 관심을 가지고, 그 해결책을 실제로 강구하고 있었다(상이한 형태의 수화와 그 체제는 제5장에서 구체적으로 언급될 것이다). 보고된 교재 가운데 Manual English 혹은 Signed English가 수화 교재로서 가장 지배적인 위치를 차지하고 있었다. 미국에서의 조사에 이어 영국에서도 커뮤니케이션 동향에 대한 비슷한 연구가 행해진 바 있다. 에딘부르그에서 활동하고 있는 조르단(Jordan)[10]은 1980-81학년도 동안 영국과 북 아일랜드에서 사용되고 있는 커뮤니케이션 방법을 알아보았다. 전체 농학교 가운데 54개교(72%)와 일반 학교 내의 난청아동 단위들 346 프로그램들(71%)이 그의 질문지 조사에 응답해 왔다. 조사 대상자의 수는 모두 7,569명인데, 그 중 농학교 학생이 3,808명, 난청 단위들에 있는 학생이 3,761명이었다.

본 조사의 결과, 응답해 온 농학교의 54%는 어느 정도 수화매체를 사용하고 있었으나, 일반 학교내의 일부 난청 아동들에게는 구화 일변도 교수가 적용되고 있어, 보다 정확한 자료는 개개 학급 하나하나를 검토해 봄으로써 얻어질 수 있다. 12세까지의 초등단계 학급들에서는 약 40%가 토털 커뮤니케이션으로 가르쳐졌으며, 중등 수준에서는 35%였다. 토털 커뮤니케이션에로의 동향은 70년대 초에 시작되었으며, 그 변화의 대부분은 1979년에서 1981년까지 2년 동안

---

10) Jordan, I. K. Study of communication trends in education of the deaf in the United Kingdom, carried out from Research Unit, Donaldson's School, Edinburgh. In progress, April, 1981.

일어났다.

일반 학교 내의 단위들은 원래 난청아동으로 알려진 아동을 위해 설립된 것이므로 구화 교수에 의해 언어발달이 어느 정도 기대되는 아이들이다. 그러나 이들 단위에 심한 농아동도 참여하는 경향이 있어, 이들 프로그램에서도 구화와 수화매체가 어느 정도 결합되어 사용되고 있음을 확인할 수 있었다고 한다. 즉, 이들 단위 중 초등 단계 단위 학급에서 9%, 중등의 단위 학급에서 7%가 토털 커뮤니케이션을 사용하고 있었는데, 더 많은 단위들이 영국 수화, 사인-영어, 파젯-고르먼(Paget-Gorman) 사인 체제 등으로부터 수화를 도입하는 것을 고려하고 있었다고 한다. 한편 일부 난청아동 단위들에서는 토털 커뮤니케이션의 개념을 완전히 적용하지는 않았지만, 지문자나 큐드 스피치 등으로 구화 지도를 보충했다.

학교에서의 개발

이상의 연구들은 커뮤니케이션 동향에 대한 대체적 양상을 알려주지만 토털 커뮤니케이션에 대한 구체적 연구는 아니며, 그와 같은 설문조사로는 개개 학교에서의 구체적 실천에 관한 정보를 입수하기가 어렵다. 학교에서 토털 커뮤니케이션을 적용한 방법에 관한 구체적 정보들은 보다 상세한 교수 방법론의 측면과 그것을 적용하는 데 따른 문제점을 밝히는 데 도움을 줄 것이다. 이 장의 나머지 부분은 그러한 정보의 일부를 마련하기 위해 수행된 연구들을 소개할 것이다.

필자는 1981년 초에 토털 커뮤니케이션 철학을 적용하고 있는 8개의 미국 농학교들을 관찰하는 기회를 가졌다(Evans)[11]. 학교에 따

---

11) Evans, L. Study of total communication practices in schools, carried out from Gallaudet College, April, 1981.

라 토털 커뮤니케이션을 적용한 경험이 5년에서부터 12년에 이르고 있었다. 소수 학교를 대상으로 한 이 관찰의 목적은 전술한 조사연구와는 달리 토털 커뮤니케이션의 적용에 따른 새로운 아이디어와 문제들을 확인하기 위해 실시되었다. 특히 어떤 매체가 아동에게 적용되고 있으며, 수화를 적용함에 있어 어떤 아이디어가 활용되었으며, 새로운 기술로 교사와 부모들에게 어떤 훈련을 실시했는가 하는 데에 관심이 있었다.

이들 학교들은 공통적으로 주요 언어 형태로서 사인-영어를 사용했으며, 수화의 사인은 영어의 문장 구성 순서(통사적 질서)에 따라 적용되고 있었다. 두 학교에서는 가장 나이가 어린 아동들을 위한 활동도 사인으로 된 영어(Signed English) 체제와 교수 자료에 기초하여 수행되었다(Bornstein, Hamilton, Saulnier, 1975). 토털 커뮤니케이션 접근으로 전향한 다른 두 학교들은 처음에는 Signing Exact English(Gustason, Pfetzing, Zawolkow, 1972)를 적용했으나, 곧 사인-영어로 전향하게 되었다. 한 학교는 원래 구화 일변도를 취해 온 학교로서, 처음에는 큐드 스피치를 도입했지만, 이는 지속되지 못했고, 수화로서 사인-영어를 사용함으로써, 토털 커뮤니케이션은 공적 정책으로 적용되었다. 미국수화(American Sign Language)는 이중 언어 상황에 영향을 받아 주로 나이든 학생들에 의해 사회적으로 사용되고 있었다.

교수 활동에서 수화의 위치에 대한 두 개의 흥미 있는 관찰이 이루어졌다. 한 학교에서는 영어의 통사적 규칙에 기초한 사인-영어를 사용한 후, 새로운 어휘가 구축되자 학생들은 수화 구조로 이행하는 경향을 나타냈다. 다른 한 학교에서는 후에 수화가 지문자를 포함하여 영어문장으로 "재구성"되자, 특히 수화는 산수와 과학 등과 같은 과목에서 새로운 내용과 개념의 학습을 위해 도움이 되었다.

이들 학교로부터의 주요한 보고는 지문자가 나이 어린 아이들이 처음에 학교에 입학할 때부터, 더욱이나 3세 이전에 있어 조차도 사용될 수 있다는 점이다. 일반적으로 지문자는 조기에 수화와 병행해서 도입되었다. 지문자로 된 어휘는 아동에게 문자 언어에 대한 의도적 지도가 이루어지기 전에 '사인'으로서 학습되었다.

이들 학교들은 구화와 수화매체의 두 가지 모두를 사용하는 것으로 토털 커뮤니케이션을 생각했으며, 청각학적 지원을 위해 전문화된 서비스가 행해졌고, 구화교육에 깊은 관심이 있었다. 이들 학교들은 말하기 기술의 체계적 개발을 위해 다니엘 링(Daniel Ling)(1976)박사가 고안한 전략을 적용하고 있어 주목을 끌었다. 이들 학교에 재학한 농아동 가운데 약 25%는 부가적 장애를 가진 것으로 알려지고 있는데, 토털 커뮤니케이션은 이들 중복장애 아동들에게 특별히 적합성을 마련해주고 있었다.

토털 커뮤니케이션에 있어 수화 커뮤니케이션 기술을 익히도록 교사와 부모를 훈련한다는 것은 중대한 의미를 지닌다. 교사들의 재교육에 있어 수화 훈련이 상당히 고려되었고, 2개교에서는 공적으로 계속적인 고용을 위해 교사와 여타 교직원 모두가 일정 기간 내에 수화 커뮤니케이션에 능숙하게 될 것을 요구하고 있다.

부모들에 대한 수화 훈련에는 많은 어려움이 있다. 수화 훈련의 성공은 개인의 자발적 의지와 태도에 따라 다양한 차이를 나타내게 된다. 수화에 대한 부모의 수행능력 비율은 25%~50% 정도이다. 이것은 곤란한 문제로 지적될 수 있지만, 한 학교에서는 상당히 희망적이었다. 나이든 학생의 부모 가운데 불과 10% 정도만이 수화를 할 수 있는 능력을 가지고 있었지만, 이들 중 약 80%는 양친-유아 프로그램에서 그들의 아이와 같이 수화를 익힌 부모들이었다.

이상의 관찰은 주로 농학교를 중심으로 한 것이지만, 일반 학교 내에서 토털 커뮤니케이션을 적용한 예도 약간 발견되고 있다. 그들 학교 중 2개교는 메인스트리밍 프로그램을 가지고 있었다. 일부 아동들은 토털 커뮤니케이션의 지원을 받아 일반 학교에도 보내질 수 있었다.

그런데, 일반아동을 농학교로 역통합(reverse integration)하는 한 흥미 있는 예가 있었다. 그 특수학교는 각 학급마다 시간제로 참여하는 대부분의 일반아동과 소수의 농아동으로 구성된 유명한 취학 전 유아 교육 프로그램을 가지고 있었다. 이 혼합된 그룹에서는 상호간의 필요에 따라 토털 커뮤니케이션이 도입되었다. 농아동은 정상적 언어 환경에 노출됨으로써 말하기가 자극되었고, 일반아동들은 수화 커뮤니케이션 기능을 학습하게 되었다.

소수의 학교들에서 이루어진 이들 관찰은 폭넓은 일반화를 허용하지는 않았다. 그러나 이들 학교는 토털 커뮤니케이션의 실천에 따른 구체적 성과의 주요한 특징을 아는 데 유익한 정보를 마련해 주고 있다. 이들은 연구결과를 해석하는 데 필요한 개요를 마련해 주고, 또 교수 방법론으로서 토털 커뮤니케이션의 적합성을 평가하는 데 도움을 줄 것이다. 그러나 토털 커뮤니케이션에 관한 이론적 문제들을 다루기에 앞서, 먼저 토털 커뮤니케이션을 구성하는 구화와 수화 매체들을 검토해 보는 것이 필요하다. 이것은 이후의 장들에서 다루어진다.

제3장 구화와 독화

　토털 커뮤니케이션의 본질과 범위를 이해하기 위해 먼저 그것의 구성요소들을 이해할 필요가 있다. 상이한 매체의 가치를 평가하기 위해 그들 매체의 언어학적 특성을 알아둘 필요가 있다. 그들 매체들은 그 자체가 언어인지 아닌지, 혹은 언어 전달을 위한 기호인지 아닌지, 그리고 그들이 언어 습득에 기여하고 있는지 아닌지 혹은 이후의 언어적 의사소통을 위해 주로 사용되고 있는지 않는지 등이 해명되어야 한다. 이런 물음들을 가지고 토털 커뮤니케이션에 포함된 주요 언어적 매체를 검토하고자 한다.

　정상 청력을 가진 사람들의 경우, 우리는 일상 언어의 표현과 이해를 말하기와 듣기로 나누어 생각한다. 그러나 농자의 경우, 우리는 부가적인 "특수한" 측면－독화(讀話)에 의한 말의 시각적 수용을 고려해야 한다. 이 장에서는 말하기와 독화에 관해서 살펴보고자 한다. 주요한 수화매체, 지문자 등은 다음 장에서 검토되고 있다. 이들 체제들의 형식적 도구와 지각적 매개 변수의 이해를 돕고, 이들의 의사소통적 효율성과 농아동에 있어 개발 효과를 밝혀주는 연구가 검토될 것이다.

　실제로 이들 체제들은 음성언어(혹은 그것의 문어)를 설명하는데, 혹은 음성 언어를 대신하거나 보완하도록 하는 데 집중되고 있다. 이들 상이한 매체는 영어와 관련해서 논의되고 있지만, 다른 음성언어와 관련해서 약간의 차이가 있을 수 있다.

말하기

구화 철학의 원리적 교리는 일반아동에 있어, 자연적 언어 매체로서 말하기가 언어 습득과 커뮤니케이션을 위한 매체가 되어야 하는 것과 마찬가지로, 농아동에게도 그것이 학습되어야 한다는 것이다. 토털 커뮤니케이션 역시 구화에 높은 가치를 두고 있지만, 커뮤니케이션의 부가적 유형과의 결합에도 마찬가지로 높은 가치를 인정하고 있다. 상당한 잔존청력을 가지고 있는 난청아동들은 그들 주변에서 일어나고 있는 구어를 듣고 모방할 수 있으므로 자연적 경로에 따라 언어를 발달시켜 갈 수 있다. 따라서, 그들은 완전히 구화교육으로부터 이익을 얻을 수 있어야 한다. 우리는 그런 아동들에게 특별히 관심을 가지는 것이 아니기 때문에, 여기서 언어의 청각적 수용 측면을 더 이상 언급하지 않을 것이다. 청력 손실의 배경에 대한 것과 청각적 증폭 및 훈련을 통한 잔존청력의 활용에 대한 이해는 청각학 분야의 교재들로부터 적절히 얻어질 수 있을 것이다.

토털 커뮤니케이션에 대한 본 연구는 청각을 통해 말을 이해할 수 없기 때문에, 수화 커뮤니케이션에 접할 필요가 있는 아동들에 관한 것이다. 구어에 대한 토의는 표현 언어의 문제와 독화를 통한 구어의 시각적 수용에 중점을 둘 것이다.

농아동의 표현언어(말하기)에 대해 구체적으로 논의한 경험적 연구는 그렇게 많지 않다. 농아동은 구어습득에 많은 곤란성을 가지며, 선천적으로 청력 손실을 가진 농아동 가운데 소수의 아동들은 다른 일반인들에 의해 이해될 수 있는 식별 가능한 구어 표현 능력을 가지기도 한다.

영국의 문교 및 과학성(1964)은 신뢰할 수 있는 한 조사를 통해, 구화 커뮤니케이션에 우선권을 두고 교육이 행해진 농학교 청각장애 학생들의 구어능력 정도를 알아보았다. 아동들의 구화에 의한 대화 능력이 동일 측정자에 의해 식별 가능한 정도, 다소 식별 가능한 정도, 식별 불가능한 정도 등의 범주로 분류하여 평가되었다. 그 결과 평균 청력손실 정도가 80dB를 초과하는 아동들 가운데 88% 이상의 아동들은 완전히 식별 불가능한 구어 능력을 가졌으며, 45% 정도만이 농아동과 친숙하지 않은 사람들은 거의 식별하기 어렵지만, 다소 식별 가능한 구어 능력을 가진 것으로 평가되었다.

영국의 다른 한 연구에서 말키더스(Markides)(1970)는 농아동과 난청아동의 구화 능력을 동시에 알아보았다. 농아동과 친숙하지 않은 일반인들에게 그들이 청취한 청각장애아의 말 가운데 이해할 수 있는 말을 기록하도록 한 결과, 농아동의 구어 가운데 80% 이상의 단어들이 정확히 식별되지 못 했으며, 농과 난청을 모두 합친 경우에는 약 3분의 2 정도의 말을 식별할 수 없었거나, 식별이 대단히 곤란했던 것으로 밝혀지고 있다.

비슷한 보고가 미국에서도 있다. 레비트(Levitt)(1976)는 짧은 그림 순서들을 말로 설명하도록 함으로써 농아동의 구어를 기록했는데, 대상자들의 75% 가량의 구어는 식별 불가능한 것이거나 이해하기가 대단히 어려운 것으로 평가되었다. 더욱 광범위한 연구에서, 젠세머(Jensema), 칼크메르(Karchmer), 그리고 트라이버스(Trybus)(1978) 등은 약 1,000명의 청각장애아의 구어 능력에 대한 교사평정 자료를 입수해서, 청력손실 정도에 따라 그 결과를 분석했다. 평균 청력손실 90dB 이상이 되는 농아동 가운데 77%는 식별이 불가능하거나 거의 식별하기 어려운 구어를 가졌으며, 70dB에서 90dB 사이의 청력손실을 가진 아동들 가운데 14%가 그와 같은 수준의 구어 표현능력을 가지고 있었다.

보다 정밀한 실험 연구에서 콘라드(Conrad)(1979)는 농아동과 친숙하지 않은 사람들에 의해 어느 정도 이해가 될 수 있는가에 기초하여 교사들이 평가한 331명의 영국 농아동의 구어 능력을 알아보기 위해, 역시 청력손실 정도에 의해 그 결과를 분석했다. 65dB 이하의 중등도 청력손실을 가진 농아동 가운데 10% 이하가 식별이 불가능하거나 이해하기 대단히 어려운 구어 능력을 가진 것으로 평가되었으나, 105dB 이상의 청력손실을 가진 농집단의 경우 85%가 그러한 수준으로 평가되었다.

이들 연구 결과들은 청각장애가 구어 획득을 위해 명백한 장벽이 된다는 것을 잘 설명해 주고 있다. 그런데 구어 표현 능력은 구어를 내면화하는 능력에 상당한 영향을 받고 있음에 유의할 필요가 있다. 내적 언어(internal speech)는 사고를 위해 중요하다. 콘라드(Conrad)(1971)는 일반아동의 경우 음성언어가 내적 언어에 선행한다는 것을 밝힌 바 있다. 그는 농아동에 있어 구어 명료성은 청력손실 및 지능과는 관계없이 사용 가능한 내적 언어의 정도를 결정한다는 결론을 얻었다.

내적 언어는 확실히 하나의 가치로운 인지도구이다. 인지능력은 언어 이해 능력에 크게 의존하고 있다. 그러므로 넓은 의미에서 좋은 음성언어는 그 자체로서 지대한 가치를 가지게 될 뿐만 아니라, 아동이 그들 자신과 의사소통 할 수 있는 하나의 수단을 마련해 주게 된다(p.230).

또한 콘라드(Conrad)는 내적 언어는 독화 발달을 위해서도 중요하다고 했다(이것은 다음 장에서 보다 구체적으로 논의될 것이다). 심지어 사용되는 구어가 다른 사람이 식별할 수 없는 정도의 것일지라도, 그것을 끊임없이 사용하는 아동 자신에게는 사고의 내적 강화로서 여전히 중요한 의미를 지닌다고 할 수 있다.

이상의 결과들로부터 교수방법을 위해 두 가지의 중요한 의미가 도출될 수 있다. 구어 명료성은 내적 언어개발을 의해 중요하며, 그 자체가 사고를 촉진시킬 뿐만 아니라, 독화에 기여하게 되므로 구화 훈련은 농아동의 어떤 교수방법에서도 적절한 위치를 가져야 한다. 대부분의 농아동의 경우 적절한 내적 언어가 발달되기가 어려우므로 특수한 부가적 커뮤니케이션 형태들의 사용을 고려함으로써, 우리는 이들 특수 형태들이 인지 활동을 증진하기 위해 내면화될 수 있는

가능성-즉 "내적 지문자"와 "내적 수화"들-에 관심을 기울여야 한다. 멕귀강(McGuigan)[12]은 이 가능성에 어떤 시사를 주는 흥미 있는 실험을 수행했다. 성인 농자들이 소리내지 않고 읽고, 생각하고, 산수문제를 풀어나가는 것을 근육의 수축에 따라 발생하는 전류의 변화를 묘사해 주는 건전도표(electromyographic) 기록에 담아 보았다. 정상인들이 언어 정보가 진행될 때 구어 근육으로 신호를 보내는 반면에, 수화를 사용하는 농자 집단은 팔 근육으로 신호를 보내는 것을 발견하게 되었다.

독 화

농자들은 말하는 것을 들을 수 없지만, 말하는 사람의 얼굴을 주시함으로써 말해진 내용을 이해할 수 있다. 즉, 농자들은 말소리의 정상적 조음으로 이루어지는 모양과 운동의 시각적 지각에 의한 독화를 통해 음성언어를 지각할 수 있다. 독화를 지칭하는 용어로 미국에서는 "speech reading"이라는 용어가 많이 사용되고 있으나, "lipreading"이 보다 일반적 용어로 통용되고 있으므로, 우리는 여기서 후자의 용어를 사용하겠다.

독화를 통한 말의 시각적 수용은 정상 청력을 가지고 말을 청각적으로 수용하는 것에 비해 정확성과 완전성이 부족하다. 연속적인 말을 이해하기 위한 독화의 주요 요소들은 말소리의 제한된 시각적 특징과 이들 시각적 특징의 제약성을 보완해 줄 수 있는 언어적 단서에 대한 이해이다.

계속되는 음성언어의 말소리는 상응한 조건하에서 정상청력을 가진 사람들은 들을 수 있지만, 말의 조음에 따라 달라지는 입술 모양

---

12) McGuigan, F. J. Covert response patterns in processing language stimuli, final report. Hollins College, Virginia, 1972.

과 운동은 보는 능력의 정도에 따라 다양하다. [k]와 [g] 같은 소리는 시각적 요소로서 대개 확인하기가 불가능하다. 말키데스(Mar-kides)(1977)는 말소리는 시각적으로 보다 용이하게 볼 수 있는 모음과 보기가 어려운 자음이 함께 어울려 계속적으로 흘러나오는 것이라고 했다. 불행히도 영어에 관한 한 입술 모양을 쉽게 볼 수 없는 말소리가 훨씬 많고, 쉽게 볼 수 있는 소리는 보다 적게 사용되고 있다(Jeffers와 Barley, 1971). 또한 시각적 유사성의 문제도 있다. 볼 수 있다 해도 말소리의 일부, 즉, [d]와 [t] 같은 자음들은 아주 비슷한 모양을 가진다. 이처럼 시각적으로 구별할 수 없거나 비슷한 말소리들은 동음(homophones)이라는 용어로 지칭되어 왔다. 말소리와 그들 말소리에 대한 명백한 입술모양간에는 단순한 1 : 1의 대응 관계가 확립되어 있는 것이 아니다.

우드워드(Woodward)와 로웰(Lowell)(1964), 그리고 벨겔(Berger)(1972)에 의하면, 모음은 그것만 분리해서는 훨씬 쉽게 확인될 수 있지만, 계속되는 말의 흐름 속에서는 식별하기가 어렵게 된다는 것이다. 피셔(Fisher, 1968)는 모음을 네 개의 주요 그룹으로 분류했는가 하면, 올프(Wolff, 1971)는 모음에 의한 입술모양을 단지 세 개의 큰 그룹으로 묶어 제시했다.

자음에 대한 여러 연구들은 유사한 것끼리 변별이 곤란한 문제점을 지적하고 있다(Bruhn, 1942: Burchett, 1950: Clegg, 1953: Berger, 1972: Binnie, Jackson 및 Montgomery, 1976). 우드워드(Wood-ward)와 발버(Barber)(1960)는 실험을 통해 자음을 다음의 네 분류로 제안하고 있다. 즉, (1) 양순음 [p, b, m]: (2) 입술을 둥글게 해서 내는 음[w, r]: (3) 순치음[f, v]: (4) 비순음[나머지 자음들] 등이다. 이 분석은 우드워드(Woodward)와 로웰(Lowell)(1964), 피셔(Fisher)(1968), 왈덴(Walden), 프로섹(Prosek), 그리고 올싱톤(Worthington)(1974) 등에 의한 비슷한 실험 작업에서도 인정되었다. 분류별로 묶는 기준은 다양하겠지만, 말소리에 대한 시지각의 애매성을 다시 한 번

확인할 수 있다. 하르디(Hardy)(1970)는 적어도 영어 말소리 가운데 3분의 2 이상은 볼 수 없는 것이거나 시각적 변별이 곤란한 것이라고 했다. 에거먼드(Eggermont)(Lenneberg, 1967, p.321에서 인용)에 의하면, 아주 능숙한 독화자일지라도 말소리 가운데 40%에서 50% 이상을 확인할 수 없다고 한다. 또 이들 동음 말소리들은 독화를 위해 꼭 같이 보이는 단어들(예를 들면, mate와 paid 등)을 포함하고 있다. 영어에 있어 동음 단어의 비율은 약 40%에서 60% 정도로 추정되고 있다(Bruhn, 1949: Wood와 Blakely, 1953: Vernon과 Mindel, 1971). 결국 그런 단어들은 계속 이어지는 말의 독화에 있어 시각적으로 완전히 식별될 수 없으므로, 이야기의 전후 맥락으로부터 언어학적 단서를 사용함으로써 밝혀지지 않으면 안 된다. 이에 대한 실험적 증명이 엘버르(Erber)와 맥마혼(McMahon)(1976) 등에 의해 밝혀진 바 있는데, 그들은 전후의 문맥이 독화를 돕는 것이 사실이라면, 상대적으로 높은 수준의 언어적 지식이 우선 필요하다는 결론을 얻었다.

이런 관점에서 볼 때, 정상적 언어를 가진 일반인이 농자보다 이해력과 함께 독화검사에서 보다 높은 득점을 나타내는 것은 조금도 놀라운 일이 못된다(Di Carlo와 Kataja, 1951: Lowell, 1959: Butt 와 Chreist, 1968: Berger, 1972). 영국의 연구에서 콘라드(Conrad)(1979)는 농학교에서 적어도 10년간의 독화 훈련 경험을 가진 농아동도 독화 훈련 경험을 하지 않은 일반아동보다 독화검사에서 보다 좋은 수행능력을 나타내지 못하고 있음을 발견하였다.

독화를 통해 말을 이해해야 할 필요는 농자에게 절실하며, 농의 정도가 심할수록 그 필요성은 더욱 커지지만, 연구결과들은 농아동에 있어 독화능력은 청력손실이 높을수록 저하되는 경향이 있다고 밝히고 있다. 미국의 연구에서 시몽스(Simmons)(1959)는 청력손실과 독화 능력간에 부정적 상관이 있음을 발견했다. 이 역상관(逆相關)은 영국에서 행해진 일련의 연구들(Evans, 1960, 1965, 1978)에서도 입증되었다. 보다 절실한 필요성에도 불구하고 청력손실 정도

가 심한 농아동일수록 경도의 농아동에 비해 낮은 독화 수준을 가지
는 경향이 있다. 그들의 보다 제한된 언어발달은 이것을 부분적으로
설명해 줄 수 있다. 즉, 구어를 수용하기 위한 부호로서 독화는 구어
능력의 수준을 능가할 수 없다.

그러나 콘라드(Conrad, 1979)는 이는 완벽한 설명이 될 수 없음
을 지적했다. 그는 청력손실의 정도와 독화를 통한 말의 이해력간에
유의한 역상관을 발견하였지만, "그 자체로는 보다 많은 청력을 가
진 아동일수록 또한 보다 많은 구어를 이해한다는 것 이상은 우리들
에게 말해주지 않는다"고 했다(p.180). 보다 더 분석을 해 나가 보
면, 아동이 실제로 읽을 수 있는 자료로 제한할 경우, 그는 실제의
언어지식에 비례해서 독화를 수행할 수 있음을 알게 되었다. 그도
역시 독화와 청력손실 정도간에 역상관이 있음을 발견하게 되었고,
그래서 더욱 중증의 농아동일수록 독화를 통한 언어 이해력도 보다
낮다는 결론에 도달하게 되었지만, 그것은 "그들이 언어를 적게 알
기 때문이 아니라, 그들이 알고 있는 것 중에서 또한 적게 독화를
하고 있기 때문"이라고 했다(p.187). 사베이지(Savage)(1981) 등은
독화와 수화에 의해 고차원의 영어문장을 이해함에 있어, 실제로 독
화는 영어에 있어 언어 수행능력을 향상시키는 데 거의 실패하고 있
음을 밝힌 바 있다. 이 점을 확실히 밝히기 위해서는 지각적 및 인
지적 요인들에 대한 영향에 대해 더 검토해 볼 필요가 있다.

독화 수행에 있어 시각적 지각 변인들의 영향에 대한 실험적 연구
들은 적극적 증거를 거의 제시하지 못하고 있다. 초기에 미국의 연구
들은 독화 성취수준과 시각적 파지능력 검사(O'Neill, 1951), 시각적
인식(O'Neill과 Davidson, 1956), 그리고 시각적 기억력(Simmons,
1959)간에 상관이 별로 없음을 지적해 주고 있다. 영국의 한 연구에
서는 독화 수행능력이 시각적 정밀성(시력)과는 상관이 없었지만, 비
언어적 설계를 위한 시각적 기억력과는 다소 상관이 있음을 밝히고
있다(Evans, 1965).

독화와 지능간의 상호관계에 대한 연구는 그 결과들이 서로 어긋나기는 하지만, 광범위한 관심을 끌어왔다. 초기 연구에서 핀트너(Pintner)(1929)는 지능은 독화 능력에 영향을 미치지 않는다는 결론을 얻었다. 파웰(Farwell)(1976)은 선행 연구들의 평가를 통해서 의의 있는 수준은 아니지만, 대부분의 연구들은 독화 능력과 지능간에 낮은 상관이 있는 것으로 보고하고 있다. 언어적 지식이 독화 능력을 강화하는 것처럼, 일반적 지능이 언어발달에 기여한다면, 우리는 지능과 독화간의 간접적 관련성을 발견할 수 있을 것이다. 지능과 독화간에 의의 있는 상관을 인정하기 어렵다고 보고하는 연구들에 나타난 한 고찰에 의하면, 이들 연구들은 주로 정보에 대한 이해보다도 기본적 시각 인식에 기초를 둔 것이다(Reid, 1947: O'Neill과 Davidson, 1956: Simmons, 1956: Simmons, 1959: Butt과 Chreist, 1968: Quiglely, 1969: Lewis, 1972). 독화를 통한 언어 이해를 검사하기 위해 설계된 연구들에서, 지능은 다소 의의 있는 영향을 미치는 것을 발견하게 되었다(Evans, 1965, 1978). 크레이그(Craig)(1964), 몽고메리(Montgomery)(1966, 1968, 1976), 네이허스(Neyhus)(1969), 그리고 퀴그레리(Quiglely)(1969) 등도 독화와 지능간에 의의 있는 상관이 있다고 보고했다.

콘라드(Conrad, 1979)는 청력손실의 다양한 수준을 가진 대상 집단에 대해 다소 의의 있는 상관성이 있음을 보고했다. 그는 청력손실과 지능을 독립변수로 한 실험 처치를 가함으로써 독화 수행능력의 비율을 구체적으로 분석했다. 콘라드의 연구는 언어발달이 독화에 미치는 영향에 덧붙여, 지능이 아동에게 검사에 대한 그들의 언어지식을 보다 잘 사용하게 할 수 있다는 결론을 얻어낸 점에서 특히 가치 있는 연구이다. 그러나 콘라드는 상관도의 실제적 수준이 너무 낮으므로 충분한 예언적 가치를 가지지 못하기 때문에 "독화는 형식적으로 가르치기가 어려운 기능이다"고 제안하고 있다.

청력손실이 독화와 상관이 있고, 지능이 독화와 상관이 있다는 연구에서 밝혀진 상관성은 그들 변인들이 언어발달에 영향을 미침으로써 발휘되는 간접적 상관의 개념에서 설명되어 왔다. 이것이 사실이라면, 우리는 언어 발달과 독화 간에 직접적인 상관성이 있을 것이라는 생각을 하게 된다.

영국에서의 한 연구는 이 의문을 설명했다(Evans, 1978). 11세에서 17세 사이의 65명 농아동에게 언어수용 검사를 독화하도록 요구했으며, 또한 영(Young, 1968)에 의해서 고안된 집단 독서검사(Group Reading Test)를 실시했다. 이들 두 검사간에 유의한 상관성($\gamma = .49$, $P < .001$)이 인정되었다. 언어발달을 통하여 독화에 청력손실과 지능이 미치는 간접적 영향에 대한 가능성은 이미 설명된 바 있다. 이들 두 변인이 통제되었을 때, 결과로서 나타나는 부분적 상관성($\gamma = 0.38$, $P < .001$)은 읽기 능력과 독화 이해간에 역시 의의 있는 직접적 상관이 있음을 지적해 주고 있다.

콘라드(Conrad, 1979)는 또한 내적 언어와 독화 간의 상관성을 밝혔다. 가벼운 청력손실을 가진 아동일수록 보다 명확한 구어를 가지고 있으며, 명확한 음성언어를 가지고 있는 아동일수록 내적 언어를 더 풍부히 가진다고 했다. 미국에서 마이크러버스트(Myklebust)(1964)에 의해서, 그리고 영국에서는 도드(Dodd)(1977)에 의해서 내적 언어가 독화의 발달을 위해 필요하다는 것이 지적되었다. 콘라드는 그의 실험결과로부터 내적 언어는 잔존청력이나 지능과 함께 독화를 위해 중요한 기여 요인의 하나라고 논의했다.

큐드 스피치

장애가 심한 농자에게 잔존청력과 독화의 결합된 사용을 가지고 일반아동과 같은 수준의 언어 수용에 이르게 하기는 어렵다. 코넷(Orin Cornett) 박사는 손으로 보조적 정보를 마련하게 함으로써, 독화의 애매성을 줄이기 위해 큐드 스피치로 알려진 한 체제를 마련했다. 이 체제는 입술모양과 결합하여 12개의 손모양을 사용하며, 구어의 음소에 따라 1 : 1의 대응관계를 마련하고 있다. 예를 들면, 시각적으로 상반되는 자음들(t, m, f)은 동일한 손짓 단서를 가지나, 반대로 시각적으로 유사한 자음들(p, b, m)은 상이한 손의 단서를 가진다. 모음과 시각적으로 상반되는 자음들 그룹의 단서들은 동일하므로 이들은 그 자체로 완전한 언어이해를 주지 않고 있다. 이 큐드 스피치는 입술에 나타나는 정보를 대신하기보다 보완해 주는 체제이므로 이 큐드 스피치는 구어(口語) 커뮤니케이션 체제의 하나로 간주되고 있다(Cornett, 1967).

영어 모음에 대한 단서들(cues)

	Group I (base position)	Group II (larynx)	Group III (chin)	Group IV (mouth)
open	[aː] (fäther)	[a] (thăt)	[ŏ] (pot)	[ŭ] (but)
flattened-relaxed	[ɜː] (her) (fur)	[i] (ĭs)	[e] (gĕt)	[iː] (feet) (meat)
rounded	[ou] (nōte) (boat)	[u] (gŏŏd) (put)	[uː] (blue) (food)	[oː] (for) (ought)
neutral	[a] (mother)			

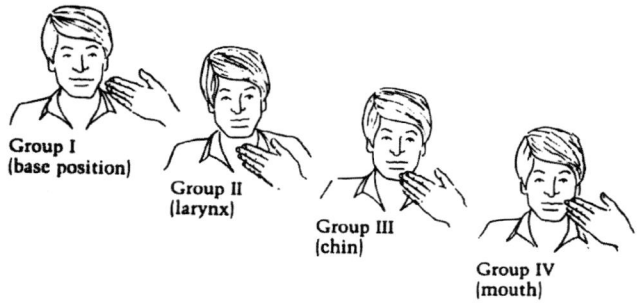

Group I (base position)

Group II (larynx)

Group III (chin)

Group IV (mouth)

영어 자음에 대한 단서들(cues)

T Group	H Group	D Group	ng Group	L Group	K Group	N Group	G Group
t	h	d	(ng)	l	k	n	g
m	s	p	y(you)	sh	v	b	j
f	r	zh	ch	w	th(the)	hw	th(thin)

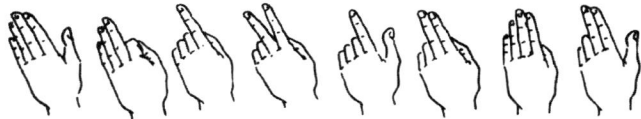

도 5. 큐드 스피치의 손모양

큐드 스피치가 독화의 시각적 애매성을 해결하기 위해 손짓 시스템을 사용한 첫 시도는 아니다. 포르크하머(Georg Forchammer)(1903)에 의해서 고안된 입-손 시스템은 덴마크에서 실제적 유용성이 인정되었다. 또한 이 시스템은 말소리의 시각적 애매성을 확인하기 위해 손의 모양을 사용했다.

19세기 후반에 모든 말소리에 대응하는 완전한 손짓 부호를 마련하기 위한 한 시도가 이루어졌다. 로체스터 농학교에서 사용해 온 지문자에 친숙했던 리온(Edmund Lyon)은 처음에는 속기의 기호에 기초한 한 시스템을 고안했다. 후에 그는 벨(Alexander Melville Bell)이 고안한 시스템인 시화법(視話法, visual speech)에 영향을 받게 되었다. 시화법은 말의 조음운동에 따라 그림으로 된 기호(graphic symbols)를 고안해 낸 것이다(A. M. Bell, 1895). 리온(Lyon)의 음성학적 지문자(phonetic finger alphabet)는 손짓으로 이들 기호를 나타내도록 시도되었다. 모두 120개의 손 모양으로 구성되어 있어, 실제로는 이 체제가 널리 활용되지 못했다(Scouten, 1942).

프랑스 말의 음성학적 특성에 따라 알파벳을 고안한 빼라르(Pereire)의 지화법도 큐드 스피치에 선행하는 것이었다.

큐드 스피치를 개발함에 있어, 코넷(Cornett)은 말소리에 시각적 단서를 대응시키는 일련의 실험적 자료를 얻어낼 수 있었다(Woodward와 Barber, 1960: Denes, 1963). 큐드 스피치의 실제적 효용에 대한 실험연구는 많지 않다. 캐나다에서 링(Ling)과 클라크(Clarke)(1975)는 조기에 구화만의 교육에 의해 실패한 농아동에게 후속 조치로 큐드 스피치를 도입했다. 그 결과 큐드 스피치에 의해 이들 아동들이 말을 인식하는 점수(12%)가 독화만 하는 것(6%)보다 좋았으나, 전반적인 성취는 낮게 나타났다. 일년 후에 추수연구(Clarke와 Ling, 1976)를 수행한 결과 큐스(cues)를 사용하든 않든 언어이해가 상당히 개선된 것을 발견하게 되었다. 또 다른 연구에서 니콜스(Nicholls)(1979)는 4년 동안 큐드 스피치를 사용한 오스트레일리아 아동들(그들 가운데는 조기에 지문자나 수화를 사용한 경험이 있음)에게 검사를 실시해 본 결과, 큐드 스피치는 정도가 심한 농아동에게 보다 정확한 음성적 및 언어적 정보를 얻도록 할 수 있었으며, 독화와 함께 큐스의 사용은 이들 농아동에게 문장에 나오는 단어 지각에 도움을 줄 수 있었다고 한다. 큐드 스피치를 통해서도 말의 지각과 언어 획득 수준간에 어떤 관계가 있음이 밝혀진 셈이다.

제4장 지문자

구화 커뮤니케이션의 수용매체로서 독화는 농자가 일반인들의 정상구어를 이해하고 받아들이는 하나의 수단이다. 농자들에게 효율적으로 사용되는 언어의 '생생한' 시각적 커뮤니케이션의 수단은 보내는 편과 받는 편 양쪽 모두에 특수한 기능을 요하는 시스템들을 포함한다. 이들 시스템들은 손의 모양과 움직임을 사용하는 것으로 특징되며, 커뮤니케이션 가운데 손짓매체(manual media)로 알려져 있다. 손짓매체의 두 개 유형은 수화와 지문자이다. 지문자(指文字)는 수화의 한 유형으로 사용되고 있으므로, 다음 장에서 수화의 상이한 유형을 소개하기에 앞서 지문자를 먼저 다루는 것이 도움이 될 것이다.

손으로 문어(文語)를 전달하는 것은 가능하다. 이것은 문어의 철자를 나타내는 손과 손가락의 모양을 사용하는 지문자에 의해 행해진다. 손짓기호와 글자의 기호간에 일 대 일의 등가(等價)를 인정함으로써 지문자는 읽기 및 쓰기와 함께 축어적(逐語的) 대응관계를 가진다. 지문자는 수용과 표현 양쪽을 모두 포함하므로, 지문자를 산출하는 혹은 '보내는' 측면과 지문자를 수용하는 혹은 '읽는' 측면 간을 구별하는 것이 필요하다.

손짓 알파벳

여러 나라에서 사용되는 지문자 혹은 손짓 알파벳에는 여러 유형이 있다. 이는 한 손 알파벳과 양손 알파벳으로 알려진 두 개의 주요 유형으로 나누어진다.

손짓 알파벳은 농자를 가르치는 데 적용되기에 앞서 일반적으로 정상인들에 의해 더욱 많이 사용되어 왔다. 종교 성직자들 가운데는 커뮤니케이션을 위해 그러한 수단을 사용하기도 했으며, 그 몇몇 유형들은 18세기 초기까지만 해도 영국에서 사용된 것으로 알려져 있다. 스페인에서 초기에 농교육을 위해 사용된 22개 '철자'에 대한 한 손으로 된 지문자는 1620년에 보넷(Bonet)에 의해 발표되었다. 프랑스 문어에 맞춰 수정된 안이 18세기 초 프랑스에서 농교수를 시작한 빼라르(Pereire)에 의해 사용되었다. 이것은 드 레뻬(de l'Epee)에 의해 개발된 프랑스 교수법의 일부로서 확립되었다. 미국인 갤러뎃(Thomas Hopkins Gallaudet)은 파리에서 시까르(Sicard)로부터 이 교수법을 배웠다. 그는 1817년에 코넥티캇에서 농학교를 설립하기 위해 프랑스인 끌레르(Clerc)를 동반해서 돌아왔을 때, 이미 한 손으로 된 지문자를 익혀 왔다. 그때부터 미국에서 계속 사용되어 온 이 한 손으로 된 지문자 체제는 오늘날 미국 지문자(American Manual Alphabet)로 널리 알려져 있다.

또 일부 '혼합된' 지문자도 있다. 이들의 예로서 한 손으로 된 지문자와 양손으로 된 지문자를 동시에 포함하는 유고슬라비아와 이태리의 전통적 시스템이 있다. 1963년 스톡홀름에서 세계 농자 연합회(World Federation of the Deaf)의 국제회의가 개최되어, 국제 지문자를 위한 기호로서 미국의 시스템을 적용할 것을 결정했다(다만 [T]자에 대한 수정을 가해서). 한 손으로 표시되는 알파벳의 표준화된 사용을 향한 일부 움직임이 몇몇 나라에서 있었다. 이를테면, 덴마크 농자들은 한 손으로 된 지문자를 전통적으로 사용해 왔는데, 덴마크와 노르웨이 두 나라간의 긴밀한 역사적 관계 때문에 노르웨이에서도 또한 사용되었다. 노르웨이는 그들의 알파벳 가운데 특별한 철자에 대한 부가적 형태를 가지고 1977년에 세계 농자 연합회

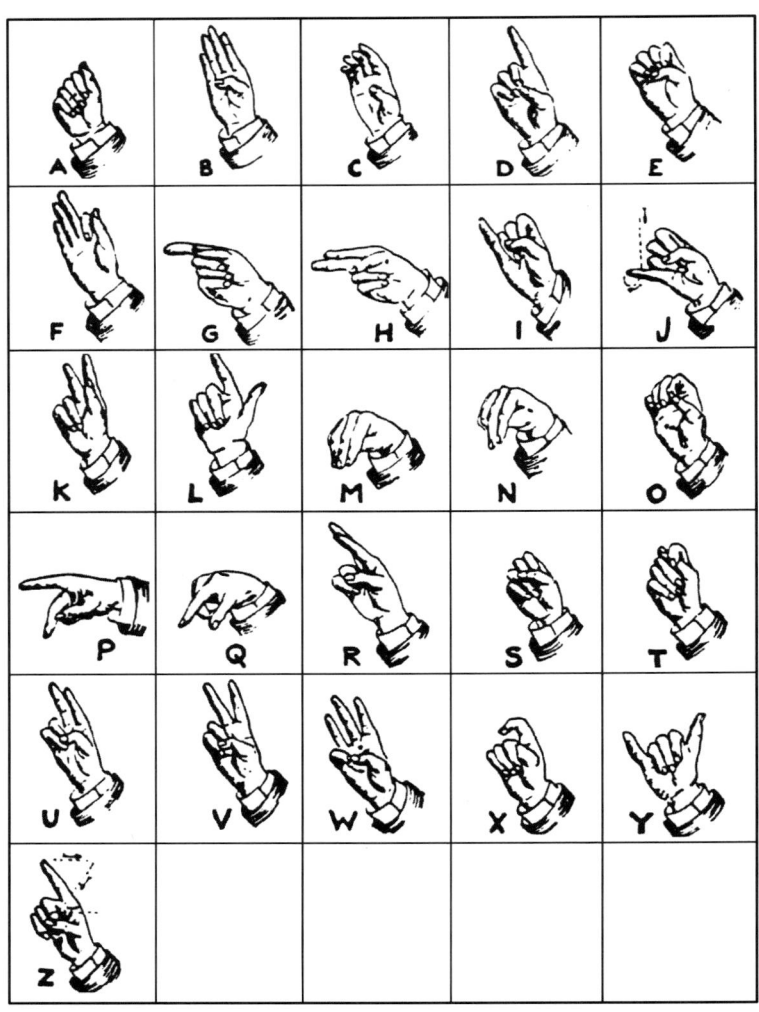

도 6. 한 손으로 된 미국 지문자

도 7. 양손으로 된 영국의 지문자

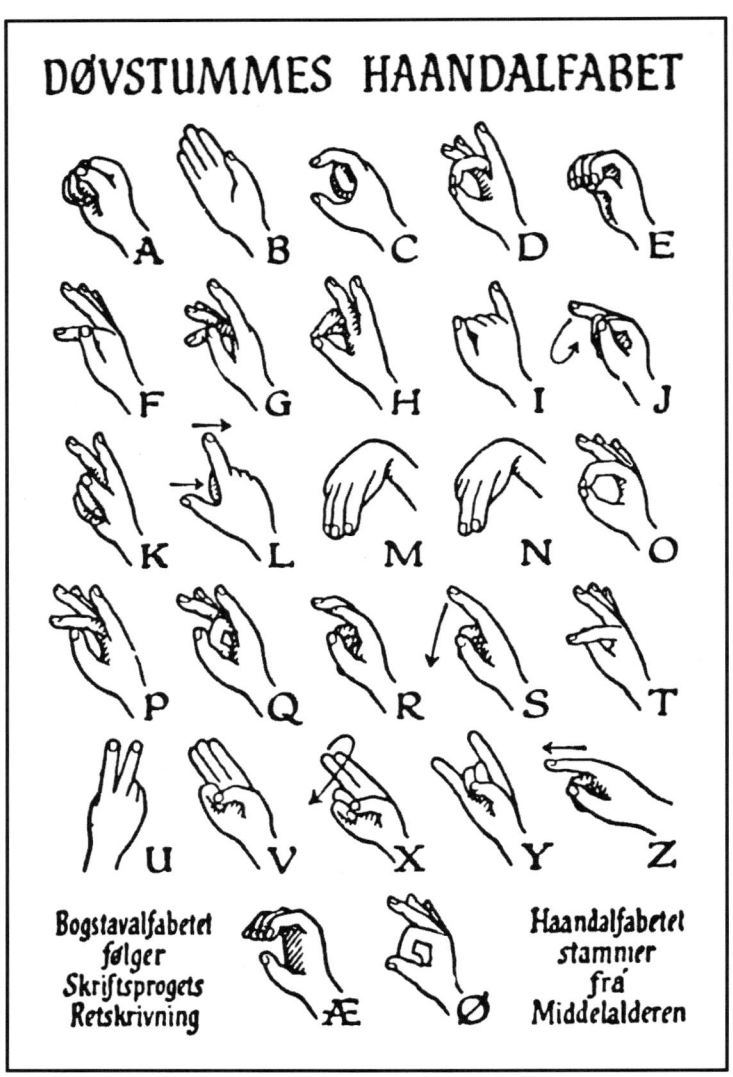

도 8. 한 손으로 된 덴마크의 전통적 지문자

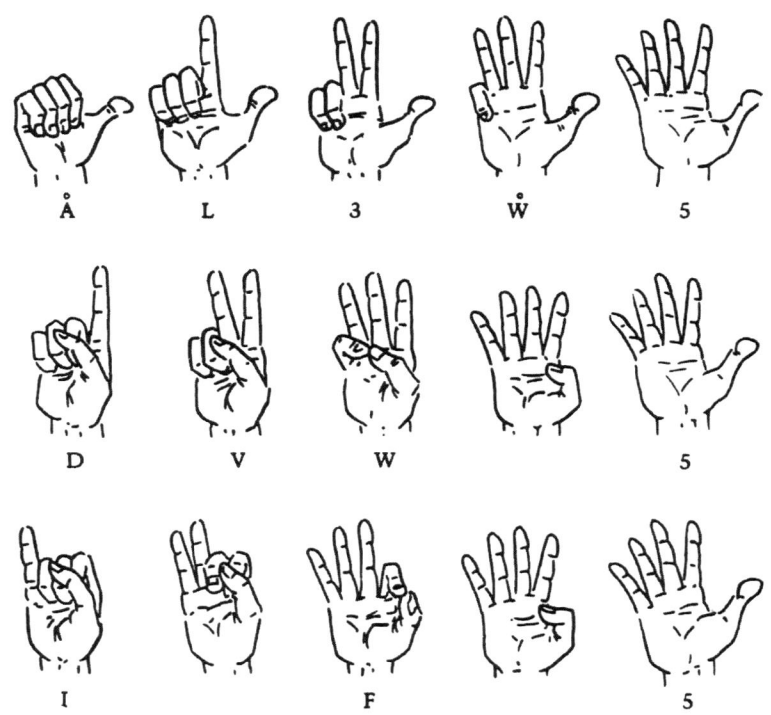

도 9. 미국 지문자 모양과의 관계를 나타내는 세 개의 다른 손짓 계산 시스템

회의에서 채택한 국제 지문자를 공식적으로 받아들였다. 지문자는 또한 농이면서 맹인 중복장애자들에게 촉각 커뮤니케이션을 위해 사용되어 왔다. 두 손으로 된 영국의 지문자는 읽는 사람의 왼손에다가 보내는 사람이 오른손을 움직여 줌으로써 수정된 형태로 사용될 수 있다. 롬(Lorm) 농맹 지문자로 알려진 이 시스템은 유럽의 일부 나라들과 미국에서 사용되어 왔다. 보내는 사람의 손이―오른손의 하나 혹은 그 이상의 손가락을 갔다 대거나 이동시키거나 쥠으로써 ―받는 사람의 손을 가로질러 움직인다.

또한 양(量)을 나타내는 다양한 손짓 시스템이 있다. Anderson

(1980)은 유럽의 시스템을 세밀히 분석해 본 결과, 지문자 알파벳의 손 모양은 수화에서 손으로 나타내는 숫자로부터 유래한 것이라는 홍미 있는 결론에 도달하게 되었다. 그는 수를 헤아리는 가장 간단한 시스템은 엄지손가락, 둘째손가락, 그리고 새끼손가락으로부터 그 다음에는 손가락 순서대로 나아간다고 설명했다. 도 9에 의하면, 미국 지문자와 관련해서, 철자의 지문자 모양에 상응하는 몇 개의 손 모양을 보여주고 있다.

지문자의 과정

지문자는 독화처럼 많은 관심을 끌지는 않았지만, 그 과정에 대해 우리의 이해를 돕기 위한 일련의 실험연구가 있다. 이들은 지각적 매개 변수와 개인차의 문제와 관련하여 검토되고 있다.

지문자에 대한 하나 하나의 손 모양은 계속되는 말의 흐름 가운데 문어의 단어를 나타내는 형태로 일련의 순서를 결합하고 있다. Hanson(1980)의 실험연구는 전체 단어의 지각수준에 따라 지문자가 일어난다고 지적하고 있다. 그는 수화 커뮤니케이션에 익숙한 성인 농자에게 능숙한 지화자(指話者)에 의해 산출되는 말을 보고 써내려 가도록 했다. 사용된 단어의 유형은 세 가지였다. 즉 (a) 영어단어(이를테면, vehicle, advertisement), (b) 실제로 영어는 아니지만 영어의 철자법에 따르는 단어들(예를 들면, mungrats, bandigan 등), (c) 영어 철자법에 따르지 않는 영어가 아닌 단어들(예를 들면, fternaps, vetmhern) 등이다. 연구 대상자들은 거의 영어단어를 성공적으로 쓸 수 있었고, 또 영어 철자법으로 되어 있지 않는 단어도 최소한 쓸 수 있었다. Hanson은 본 연구의 결과, 지문자를 읽는 것은 낱낱의 철자를 확인하는 과정으로서가 아니라, 오히려 단어 전체의 시각적 형태를 인식하는 것으로 그 특징이 나타났다고 했다.

이 원칙은 지문자 기능의 효과적 학습을 위해 기본이 될 수 있다.

레비트(Levitt)와 그루드(Groode)(1980)는 아동이 지문자를 익히는 과정에 있어 이해가 표현에 선행하고 있음을 관찰하게 되었다고 했다. 그들은 어른들에게 지문자를 가르치는 데 있어서도 이 점을 고려하여, 전체 단어에 대한 전반적 형상의 인식을 강조하고 있다.

지문자는 문어를 전달하기 위한 하나의 부호이다. 문어는 그 자체가 하나의 부호이자, 원래의 언어능력이 습득되는 일차적 매체인, 구어에 기초를 두고 있는 2차 매체이다. 그렇다면 지문자는 문어로부터 습득되는 제3의 매체로서의 언어기호이다. 이것은 단기기억으로 지문자가 어떻게 저장되는가 하는 문제를 제기한다. 지문자는 문어와 동일한 범주로 부호화되는가?

이 문제에 대한 시사를 주는 일련의 업적으로 호먼(Hoemann) (1978)이 수행한 연구가 있다. 그는 "전 행위 간섭"(proactive inter-ference)이라 불리는 것에 기초하여 농자를 대상으로 단기기억에 미치는 영향을 알아보기 위한 실험 연구를 수행했다. 이에 앞서 위켄스(Wickens), 본(Born) 및 알렌(Allen, 1963)은 일반아동을 대상으로 알파벳의 철자모양에 대한 단기기억에서 이미 기억되어 있는 유사한 자료로부터 새로운 자료를 기억할 때에, 회상능력에 있어 방해를 받게 된다는 것을 확인할 수 있었다. 이것은 이전 행동이 다음 행동을 억제하는 것(proactive inhibition)으로 설명될 수 있다. 검사 항목이 알파벳 철자에서 숫자로 바뀌어지자, 회상은 이전 행위의 억제로부터 오히려 촉진적 영향을 미쳤다. 이것은 두 개의 자극 유형이 단기기억에 별개로 부호화되기 때문인 것으로 볼 수 있다. 호먼의 연구에서 농자 대학생들에게 세 차례에 걸친 연속적 실험으로 알파벳 철자를 제시한 다음에, 한 스위치에서는 지문자로 된 모양을 만들어지게 하였다. 한편, 다른 한 집단에게는 손짓 철자 상징으로부터 알파벳 철자 상징으로 바뀌어지는 스위치가 작동되게 하였다. 양쪽 집단 모두에 처음에는 회상이 저하되었지만, 자료의 변화가 경과함에 따라 새로운 진전을 나타냈다. 대상 가운데 두 통제집단에게는 처음부터 끝까지 똑같은 자료가 주어졌는데, 그들에게는 어떤 영향도 발견되지 않았다. 이들 결과로부터 호먼은 영어의 지문자 철자 기호와 알파벳 철자 기호는 농자에 의한 단기기억에 있어 별개의 범주로 부호화되고 있다는 것을 알게 되었다. 호먼은 이것은 미국 손짓 알파벳이 영어 철자의 재현으로부터 추출된 것은 아니라 할지라도 그것은 영어에 대한 하나의 부호일 뿐만 아니라, 북미에서 농자들에 의해 사용되는 수화 커뮤니케이션 체제의 일부라는 것을 증명해 주는 것이라고 했다.

미국수화(Ameslam: ASL)의 주요한 한 특징으로서 미국 손짓 알파벳을 지지할 수 있는 관점은, 영어의 철자 쓰기와 농아동의 지문자간의 상이한 오류 패턴을 밝힌 연구결과에서도 잘 지적되고 있다. 지문자의 오류 가운데 가장 빈도가 높은 것은 생략에 의한 것이었다. 호먼은 지문자는 영어를 철자로 나타내는 하나의 수단이라기보다, 그 자체가 하나의 커뮤니케이션 수단으로 획득되고 있으며, 일상 대화의 요구를 충족시킬 수 있는 정보를 빠뜨려 버리는 경우가 허다하다고 주장했다.

지화(指話)에 대한 가장 빈번한 비판은 그것이 학교 전체 집회 홀이나 강당 등의 뒤편에서는 거리가 멀어서 읽어 내기가 어렵다는 점이다. 그러나 말소리를 듣는 것에 대신해서, 그리고 독화에만 의존하는 것에 대신해서, 지화는 구화로 정보를 입수하는 정상인들에게도 그와 같은 제약성이 거의 비슷하게 나타나는 것을 인정해야 한다.

어떤 정보는 보내는 사람으로부터 어느 정도 떨어져 있어도 지화에 의한 정보입수가 가능한 경우도 있다. 이 문제에 대한 실험연구에서(Moser, 1958), 농학생들은 125피트(38m) 정도의 거리에서 지문자 자료를 90% 수준에서 식별할 수 있었다. 우수한 학생들은 이정도의 정확성이 175피트(54m)의 거리에까지도 유지되었다.

사람에 따라서 글씨의 특징은 아주 다르게 나타나며, 또 읽는 사람에게도 그 식별의 정도가 아주 다양하게 나타난다는 것은 잘 알려진 사실이다. 다른 사람의 지화에 대한 식별력에 있어서도 다양성이 있다. 피셔(Fisher)와 후서(Husa, 1973)는 지문자를 사용한 경험이 있는 5명의 농자와 5명의 일반인 모두 10명에게 비디오 테이프에 낱 말목록들을 지문자로 나타내도록 하였다. 지문자에 경험 있는 34명에게(그 가운데 농자가 26명) 그 테이프를 보이고 단어를 다시 쓰도록 해 본 결과, 그 식별정도에 있어 많은 차이를 나타내고 있었으나, 그 차이를 나타내는 변수로서 농자나 일반인간에, 또 경험의 길이 등에 아무런 관련이 인정되지 않았다.

또한 사람들은 지문자를 배우는 능력에 있어 다양한 차이를 나타낸다. 일반 성인에 의한 지문자 학습에 대한 연구에 의하면, 연령에 따라 차이가 있었으며, 지문자를 받아들이는 능력에 있어서도 다양한 곤란성이 나타났다(Savage 등 1981). 농학교에 재학하고 있는 20명의 학생에게 10주 동안 지문자를 사용하는 학급에 참여시킨 후, 비디오 테이프에 지문자로 된 단어들을 읽도록 한 다음에, 그들 스스로 그 단어들의 지문자를 재현하도록 했다. 이 연구 결과 두 가지의 주요한 결과가 나타났다. 25세에 이르기까지의 젊은 집단이 나이가 더 든 집단보다 새로운 지문자 기능을 배우는 데 보다 성공적이었으며, 특히 나이가 더 많은 집단의 경우 지화 이해능력이 표현능력에 비해 더욱 낮게 나타났다.

교육적 의미

지화는 문어에 대한 손짓표현의 하나라고 하지만, 그것은 서로 마주 대하는 생생한 커뮤니케이션 매체로서 구화 대신에 사용되고 있다. 지문자는 문어의 단어 하나 하나에 대응해서 이루어진 것으로서 영어의 정확한 문체를 전달할 수 있다. 지문자의 사용은 읽기와 쓰기 능력을 신장시킬 수도 있다. 소련의 나이 어린 농아동에게 조기에 지문자 훈련을 실시한 결과, 그 이후 어휘습득에 도움이 되었다는 보고가 있었다(Morkovin, 1960, Moores, 1972). 하나의 체제나 부호로서 일단 학습된 지문자는 개인의 문자해독 능력 범위 내에서 끊임없이 활용된다. 그래서 지문자의 사용은 학교에서 교과에 대한 보다 신속하고 정확한 교수수단으로 기여한다. 구어 및 독화에 비해 지화는 농자들간에 커뮤니케이션을 촉진하는 특별한 이점을 지니고 있다.

구체적 교육체제 내에서 지화가 적용되어 사용된 손짓 알파벳의 모양에 어떤 변화가 있는 경우, 나이가 든 농학생이 지문자를 배우는 데 얼마 정도의 기간이 소요되는지, 또 상이한 모양으로 지문자를 전달할 경우 어떤 혼란이 야기될 것인가 하는 의문이 제기된다. 지문자를 배우는 데 관련된 이들 문제에 관한 영국의 한 연구에 의하면, 양손을 사용하는 지문자 사용의 경험이 있는 나이 든 농학생의 경우, 한 손으로 하는 지문자를 읽는 능력을 습득하는 데 있어서도 빠른 진전을 나타냈다고 한다(Savage 등 1981). 이는 곧 상이한 손짓 알파벳 모양을 사용하는 것은 다양한 형태를 보이는 알파벳 철자를 읽는 것이라기보다, 하나의 부호전환(code-switching) 과정이라는 것을 시사해 주고 있다. 본 연구에 의하면 나이가 든 농학생이 지문자에 능숙하게 되었을 때, 그들은 단어 이해에 아주 높은 수준의 정확성을 나타내고 있음을 확인할 수 있었다고 한다. 지문자는 새로운 이름이나 기술적 개념을 학습하기 위한 "어휘도구"로서, 그리고 바른 철자 쓰기를 학습하는 데 유용한 위치를 차지하고 있다.

지문자 학습에 관한 영국의 다른 한 연구(Dawson, 1976)에서도 지문자가 새로운 낱말을 익히는 데 아주 효과적인 동화작용을 하고 있음을 알게 되었다. 실제로 아동 자신이 낱말을 지문자로 표현하게 하는 것과 수동적으로 받아들이기만 하는 두 가지 조건하에서, 아동에게 제시된 새로운 낱말을 쓰고 지문자를 익히는 것에 대해 검사를 실시해 본 결과, 단어 쓰기와 지문자 모두에 걸쳐 새로운 단어를 익히는 데 있어 제시된 낱말에 대해 아동 스스로 지문자를 구사하게

하였을 때, 훨씬 좋은 효과를 보였다. 이것은 지문자에 의한 근육운
동적 송환, 혹은 내적 감정이 낱말학습을 강화한다는 것을 의미한다.

제5장 수화

손짓이나 제스처에 의한 수화는 구어에 의한 어휘와 같은 언어적 정보를 전달해 준다. 본 장에서는 수화의 언어적·심리적 측면을 검토하고자 한다. 특히 언어발달과 교육을 위해 토털 커뮤니케이션이 가지는 적합성에 관심을 가지고 수화에 대한 논의가 전개될 것이다. 여기서는 수화를 구어나 문어와 관련해서 검토할 뿐만 아니라, 하나의 언어로서 그 자체의 권리를 가지는 것으로 인식하고 있다. 특히 영어와 관련해서 이들 문제가 설명될 것이다. 수화는 크게 세 가지의 언어 범주로 설명될 수 있다. 즉, 하나의 독립된 언어 유형으로서의 수화, 사인-영어(Sign-English)와 같이 수화와 영어를 섞어 놓은 것, 그리고 영어의 구문을 수화형태로 표현한 수화로 된 영어체제 등이 있다.

수 화

수화에 있어 몸과 얼굴의 단서와 함께 손짓은 그 자체가 의미를 지니고, 그들 자체의 구문론적 규칙에 따라 순서 지워지는 사인을 형성한다. 수화는 농자들간에 커뮤니케이션을 위해 사용되는 일차적 언어(Siple, 1978)로 일컬어지고 있다. 실로 미국수화(ASL 혹은 Ameslan으로 일컬어짐)는 미국에서 사용되고 있는 언어 가운데, 네 번째로 가장 공통적인 언어로 보고되고 있다(Mayberry, 1978). 수많은 구어가 있는 것과 마찬가지로, 나라마다 농자에 의해 사용되는 많은 수화가 있다. 수화에 있어서도 지역간에 방언이 있다.

구어와 수화는 그들이 표현되고 받아들여지는 통로가 다르다. 구어에 있어 어휘는 한 사람에 의해서 음성을 통하여 표현되며, 상대방은 대개 청각을 통해 받아들이게 된다. 수화에 있어 사인은 보내는 사람의 손으로 표현되며, 상대방은 시각을 통해 받아들이게 된다. 수화와 그것의 사용에 대한 연구는 주로 다음과 같은 몇 가지 의문점을 밝히기 위해 추진되어 왔다. 즉, 구어와 수화는 각각의 독특한 언어양식의 특성을 어느 정도 가지고 있는가? 또 그들은 어느 정도로 공통된 언어양식의 특성을 나누어 가지는가?

이들 문제점들을 밝히기 위해 언어구조와 지각의 심리적 측면, 그리고 수화 획득 등에 관한 연구 결과들의 일부가 검토될 필요가 있다.

수화에 대한 언어학적 연구는 1950년대 말에 갤러뎃 대학의 스토코(William Stokoe) 박사가 행한 선구적 연구업적에 그 기초를 두고 있다. 그 이래로 언어학자들과 심리학자들은 미국수화에 점차 깊은 관심을 표명하기 시작했다. 1970년대에 와서 이스라엘(Namir와 Schlesinger, 1978), 스웨덴(Bergman, 1979), 덴마크(Hansen, 1980), 영국(Brennan과 Hayhurst, 1980)등 다른 나라들에서도 수화에 대한 연구가 이루어진 바 있다. 미국수화에 대한 연구는 구어의 음운론적, 통사론적, 문장론적 수준에 대응하는 언어학적 구조 위에서 정보를 마련해 왔다.

"음운론적" 수준에서 볼 때, 사인은 의미를 주기 위해 결합하는 부분들로서 구성된다. 이것은 말하는 소리의 음운론적 요소에 비추어 생각하면 보다 잘 이해될 수 있다.

1950년대에 변형 혹은 생성문법이론의 등장과 함께 "생성음운론" (generative phonology) 접근이 언어를 기술하기 위해 도출되었다. 이 접근의 중요한 측면은 말의 각 부분을 말소리로 분석해내는 것이다.

도 10. 수화로 '어머니'를 나타내는 사인

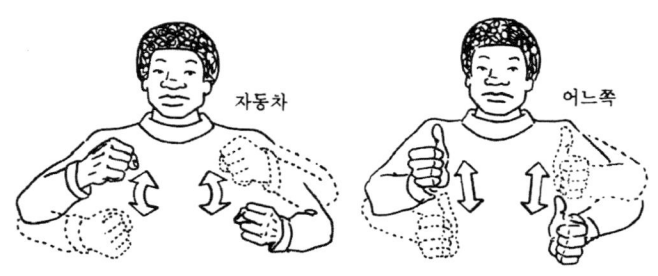

도 11. 위치와 움직임은 같으나, 손의 모양이 다른 두 사인

잉그람(Ingram)(1976)은 이를 다음의 예와 같이 설명하고 있다. 즉 [P]는 정지음이자 순음이고 무성음이다. 한편, [V]는 마찰음이자 순치음이고 유성음이다. Stokoe(1960)는 사인의 손짓 구성은 몇 개의 부분으로 나누어진다는 것을 알았다. 그는 먼저 각 사인은 다음과 같은 세 가지 특징을 가진다고 했다. 즉, 사인이 이루어지는 **위치**, 손의 **모양**, 사인을 만드는 과정에서의 **움직임** 등이다. 스토코는 사인의 표현에 따른 이 세 측면으로 tab(위치: tabula, tabultor의 약자로서 영어의 location에 해당됨), dez(손모양: designator의 약자로서 영어의 handshape에 해당됨), sig(움직임: signation의 약자로서 영어의 movement에 해당됨) 등의 개념을 사용했다.

도 12. 손의 모양과 움직임은 같으나, 위치가 다른 두 사인

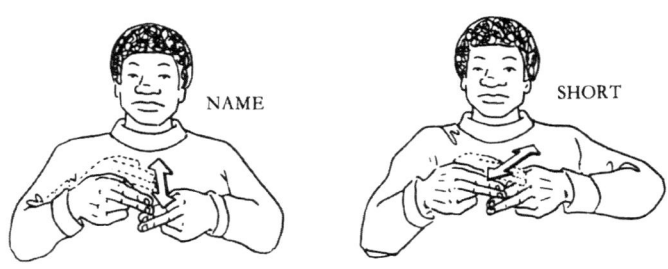

도 13. 손 모양과 위치는 같으나, 움직임이 다른 두 사인

스토코(1978)는 수화에 대해 12개의 위치, 21개의 손모양, 그리고 22개의 움직임 등 모두 55개의 측면을 확인했다. 사인의 이들 요소에 대해 스토코(1960)는 구어의 소리나 음성에 대응하는 것으로, 수화소(手話素) "*cheremes*"(음소(音素); phonema)라는 개념을 사용했다. 손모양의 일부는 미국 지문자의 모양과 비슷하다. 수화는 "철자"나 "숫자"(이를테면, A모양 5손모양)에 대응해서 설명될 수도 있다. 사인들간의 비교에서 쉽게 구분이 잘 안 되는 것들은 구어의 변이음(變異音)에 대응하여(예를 들면 K손모양, P손모양), 변이수화(變異手話, allochers)(allophone: 다른 위치에 나타나는 동일사인의 변종)로 묶어 처리되고 있다. 스토코는 또한 글자 모양에 사인의 손모양, 움직임, 위치 등을 대응시키기 위해 문자를 상징하는 일련의 사

인을 고안했다.

사인의 네 번째 측면으로 오리엔테이션, 즉 손의 공간적 상호관계가 중요한 의미를 지닌다(Battison, 1974: Friedman, 1975: Frishberg 1975).

도 14. 스토코의 글자 모양을 본딴 Volunteer 사인

도 15. "걸상"과 "이름"에 대한 사인의 오리엔테이션상의 차이

구어에 있어 말소리와 마찬가지로, 사인의 실제적 요소들은 상이한 수화에 따라 다양할 수 있다. 예를 들면, 스웨덴에서 사용된 사인은 미국수화(ASL)의 사인보다 더 많은 요소들로서 구성되어 있다.

영국수화를 분석해 본 바에 의하면, 공통표시 체제에 일치하도록 하기 위해, 많은 노력을 기울여 왔음을 알 수 있다. 영국수화는 스토코의 체제를 일부 수정하여, 미국수화에서는 발견되지 않는 손의 모양을 만들어 수화를 확장했다. 영국수화를 부호화한 합성체제를 보면, 영국의 수화 연구자들의 업적이 처음부터 상당히 탁월하였음을 알 수 있다(Brennam, Colville, 및 Lawson, 1980).

사인에 대한 손짓 요소에 대한 이상의 측면 외에 사인의 의미를 확실히 하기 위해 얼굴의 표정, 눈동자와 몸 전체의 오리엔테이션에도 깊은 관심을 가지게 되었다(Baker와 Padden, 1978). 이들은 사인 가운데 손짓 이외의 요소들로 고려된다.

도 16. 대칭을 나타내는 사인과 우세제약을 나타내는 사인의 예

도 17. 미국수화의 기본적 손모양

이들 요소들이 결합할 수 있는 수는 많지만, 미국수화에 있어 실제 사인으로 이들 결합이 활용될 수 있는 가능성은 극히 제한되어 있다. 바티슨(Battison)(1978)은 주로 두 가지 측면에서 그 제한을 지적하고 있다. 즉, 하나는 양손 사인을 위해 두 손이 동일한 모양과

움직임을 가지는 경우 이것은 대칭(symmetry) 제약이 따른다. 다른 하나는 상대적 우세(dominance) 제약으로서 만약 두 손모양이 다르다면, 한 손으로만 움직일 것이다. 수동적 손(움직이지 않는 손)은 손모양의 수가 한정되어 있다(즉 A. S. C. G. B. 5. 0 등이다). 바티슨(Battison)은 이들은 가장 기본적인 자연스런 손모양이라고 했다. 이들 손모양 중 처음의 6개는 실제 수화 사용시에 가장 빈번히 나타난다고 한다.

사인은 구어의 말에 비해 다소 엉성한 개념을 나타내는 경향이 있어, 의미 전달에 보다 부담을 가진다. 실제로 구어의 수에 비해 사인으로 나타낼 수 있는 어휘의 수는 훨씬 한정되어 있다. 코헨(Cohen), 나미르(Namir), 슐레신저(Schlesinger)(1979) 등은 이스라엘 수화 사전에서 수화의 어휘수가 겨우 1,000에서 4,000사인 정도로 확인되었다고 지적한 바 있다.

지금까지 출판된 수화 사전을 보면, 영어에서 일반적으로 사용되는 구어 사전에 비해 현저히 제한되어 있다. 수화 수를 조사분석한 스토코의 「언어학적 원리에 의한 미국 수화사전」(1965)에 의하면, 약 2,000개 이상으로 편집되어 있다. 스웨덴 전국 농자협회는 2,600사인을 발간한 바 있으며, 영국 농자협회는 2,000개의 사인으로 된 수화사전을 편찬한 바 있다.

이들 사전들은 그 자체로는 수화의 어휘 수를 다 나타낸 것은 아니다. 브레난(Brennan)과 하이허스트(Hayhurst)는 영국 수화사전에서, 우리는 이 책이 영국에서 사용되는 수화의 완전한 목록들이라고 보지는 않지만, 지금까지 사용되어 온 영국수화의 어휘에 대한 보다 많은 정보를 제공해 주게 될 것이라고 했다. 언어학적 연구에 기초하여 벨루기(Bellugi)(1980)는 미국수화는 일반적으로 생각해 온 것보다 훨씬 풍부한 어휘들을 확보하고 있다고 주장하고 있다. 그는 수화 어휘는 사전의 어휘목록에 나타낼 수 있는 것보다 더 풍부한 것이라고 믿고 있다. 연구자들은 단지 농자들에 의해 일상 사용되는 사인의

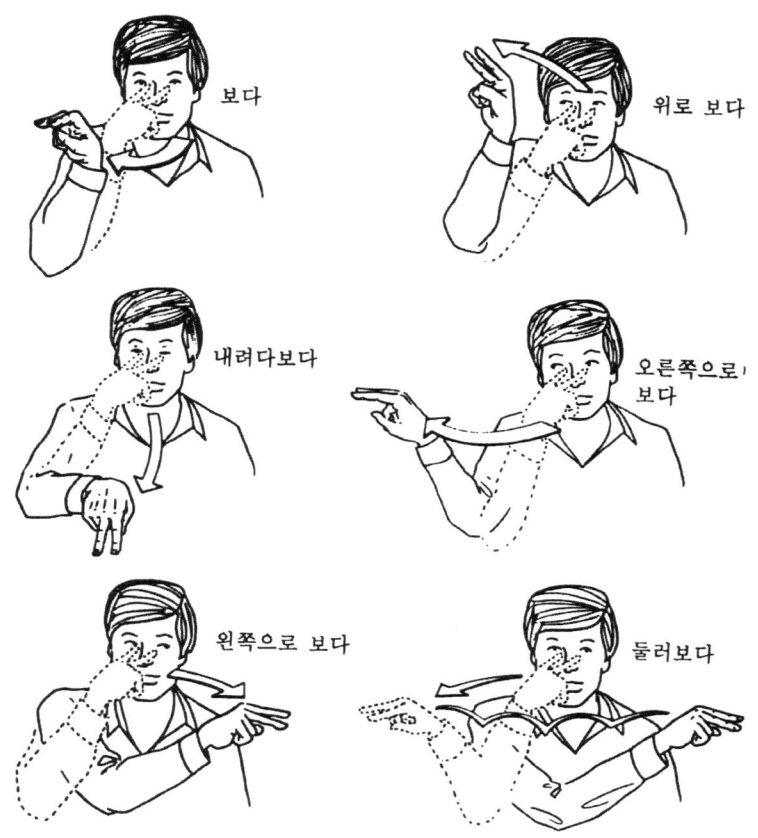

보다

위로 보다

내려다보다

오른쪽으로 보다

왼쪽으로 보다

둘러보다

도 18. 덴마크 수화에 있어 방향 전환에 의한 의미의 변화

어휘를 기술하고 있을 뿐이다. 수화에도 구어에서 어형변화나 파생어에 해당되는 절차를 반영함으로써 사전을 확장할 수 있음을 알아야 한다. 1970년대에 행해진 일련의 연구(Klima와 Bellugi, 1979)에서는 구조화된 방법으로 공간을 활용함으로써, 사인이 상이한 의미를 나타내기 위해 어떻게 변형될 수 있는가를 설명하고 있다. 구어에 있어, 의미상의 문법적 변화는 일반적으로 새로운 어휘를 보태거나 어휘의 시작이나 말미에 접두사와 접미사를 붙여 줌으로써 이루어진다. 수화

에 있어, 구어에 대응하는 문법적 변화는 사인의 길이, 움직임, 방향 등을 수정함으로써 이루어진다. 가령 "본다"(look)라는 덴마크 사인은 V자형의 손모양을 도 18과 같이 그 움직임을 변형시킴으로써, "위로 보다", "내려다보다", "오른쪽으로 보다", "왼쪽으로 보다", "둘러보다"(Hansen) 등을 나타내고 있다.

미국수화에서 한 예를 들면, "주시하다"(look at)라는 사인은 "끊임없이 주시하다", "계속해서 주시하다", "규칙적으로 주시하다", "오랫동안 주시하다", "거듭 주시하다" 등과 같은 어형 변화에 대응하여 도 19와 같이 사인의 움직임이 변화하게 되어 있다(Bellugi, 1980).

구어와 마찬가지로 수화도 그의 어휘 즉, 사인어휘를 확장시켜가고 있다. 특히, 미국수화에 있어 새로운 사인의 증가는 눈에 띄게 늘어나고 있다(Frishberg, 1977). 사전에 있는 단어들을 새로운 사인으로 나타내기 위해 기존의 사인들이 여러 각도로 활용되고 있다. 교육적으로 관심을 끄는 또 하나의 수화 진전은 어의상에 차이가 없는 여러 단어들에 대해서는 "머릿글자"를 독특하게 표현함으로써, 그 미묘한 차이를 나타내 주고 있다. 이것은 제시된 영어단어의 첫 글자에 대응하는 지문자를 기본 사인으로 활용함으로써 가능하다. 예를 들면, "class"라는 말의 개념은 "group"이라는 사인과 의미를 구분하기 위해 사인의 시작에 먼저 C지문자와 G지문자를 내보낸다. 또 첫머리글자와 공간적 방향을 결합하여 동서남북의 방향을 나타내기 위해 기본사인을 활용하기도 한다(도 21 참조).

이와 같이 첫 글자에 대한 지문자의 활용이 미국수화에서는 아주 자연스럽게 나타나고 있다. 그런데 이와 같은 방안이 양손을 사용하는 영국지문자의 활용을 통해서도 가능한지 어떤지는 아직 의문스럽다. 미국지문자는 미국수화의 손모양으로 많이 활용되지만, 영국수화의 손모양은 영국지문자로부터 거의 도움을 얻지 못하고, 미국지문자의 모양을 적절히 활용하는 실정이다.

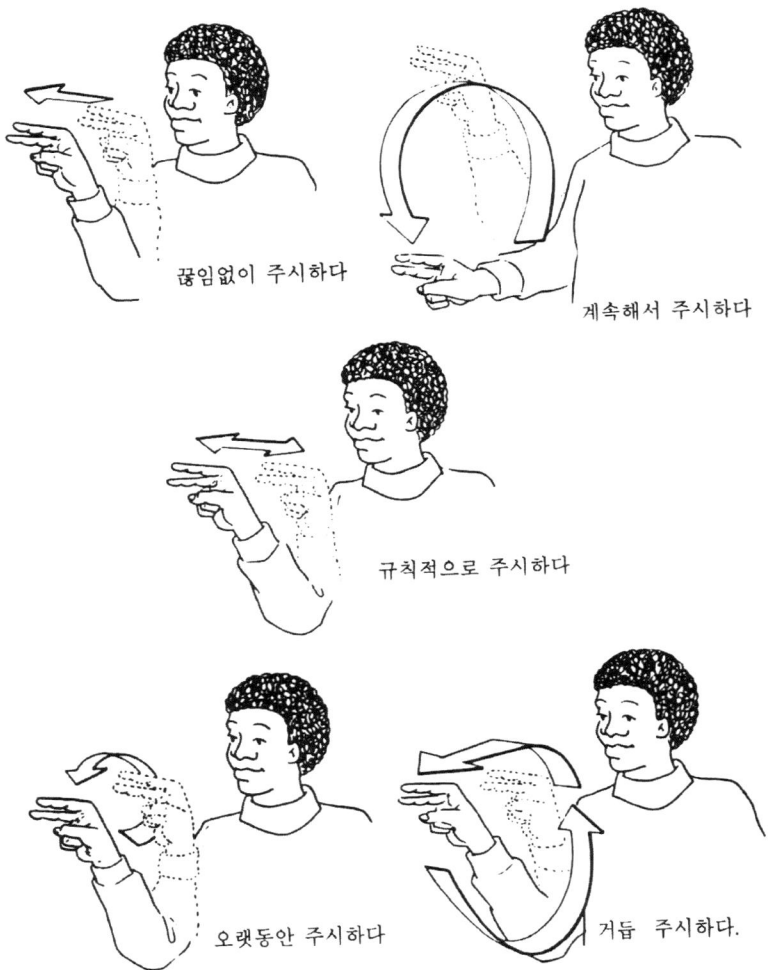

끊임없이 주시하다

계속해서 주시하다

규칙적으로 주시하다

오랫동안 주시하다

거듭 주시하다.

도 19. 미국수화에 있어 움직임의 변화에 의한 의미 변화

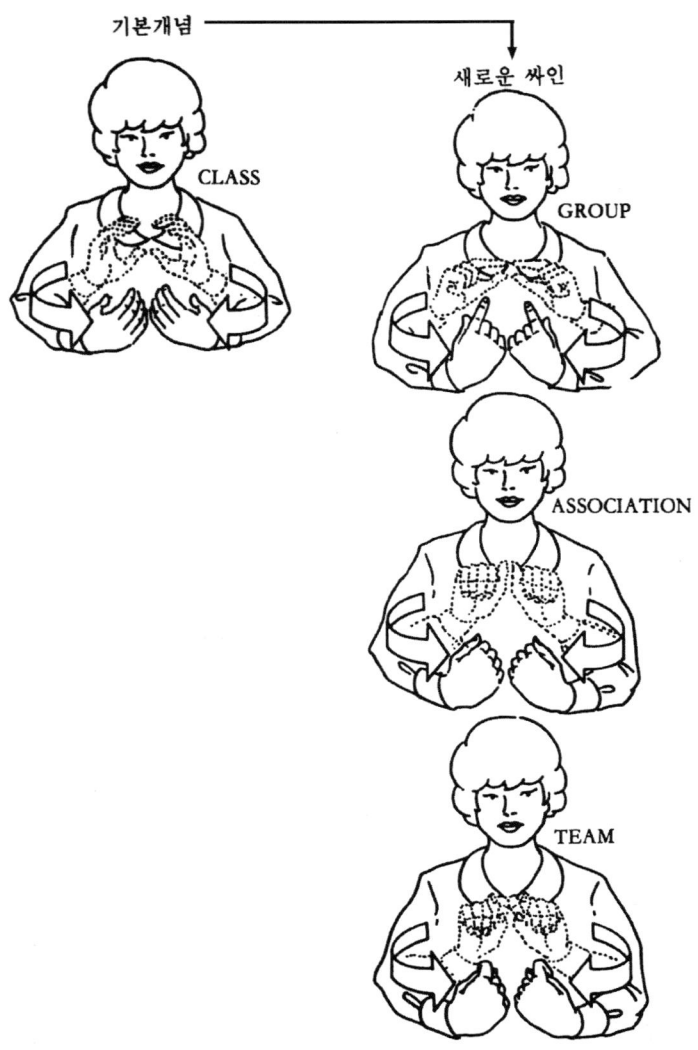

도 20. 첫 머리글자를 구체화한 새로운 사인

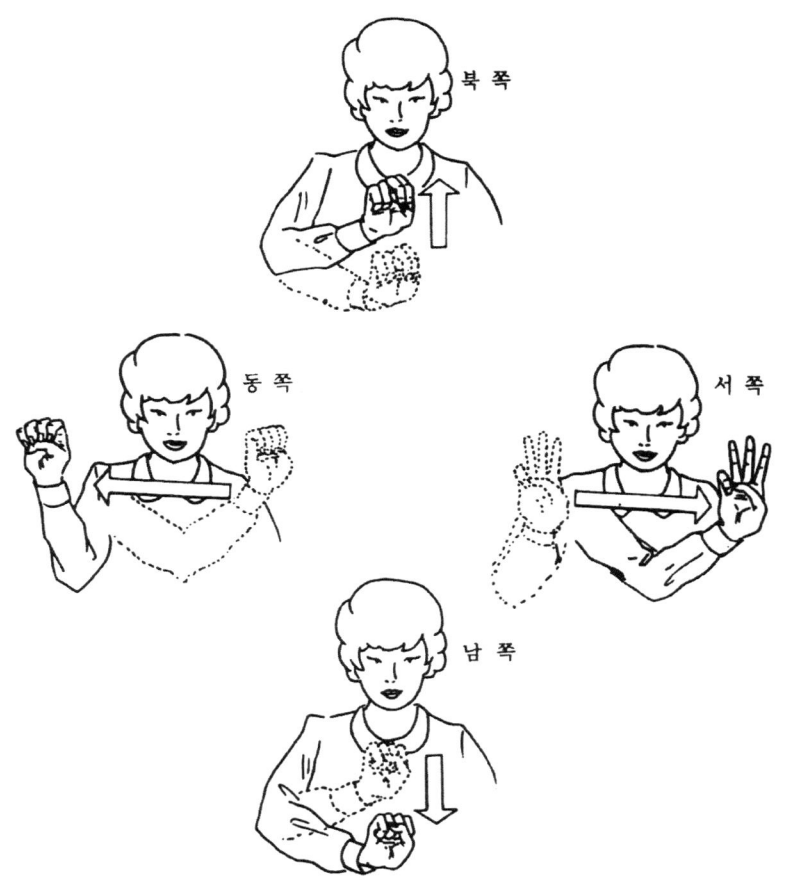

도 21. 공간적 방향을 나타내는 첫 머리글자 사인

　수화의 언어학적 구조의 몇 가지 특징을 개관해 봄으로써, 토털
커뮤니케이션에 있어 수화의 위치를 이해하는 데 도움이 될 뿐만 아
니라, 농아동이 수화를 어떻게 지각해서 습득하는가를 알게 될 것
이다.
　우리는 사인의 위치와 모양이 사인을 보내는 사람의 몸, 팔, 손,
그리고 손가락의 움직임에 의해 거의 결정되는 것으로 생각하고 있

다. 사인의 일반적 위치는 머리 윗 부분으로부터 허리통 바로 밑까지에 이르는 원형 영역의 앞쪽 공간이다. 시플(Siple)(1978)은 사인을 받는 사람의 시지각적 특징이 사인의 위치를 결정한다고 제안한 바 있다. 그녀는 시각적 정밀성은 원형의 중심영역에서 가장 잘 이루어지기 때문에 정밀한 사인의 식별은 중심영역에서 떨어진 사인보다 중심영역 안에서 성립되는 사인들에서 더 잘 이루어질 수 있다고 주장하고 있다. 수화를 하는 사람들은 손짓 이외의 정보를 얻기 위해 상대방 얼굴을 주시하는 경향이 있으므로, 위치와 손모양에 대한 보다 정밀한 식별을 요구하는 사인이 이 중심영역에서 이루어지는 것은 당연하다. 보다 낮은 시각적 정밀성을 가지는 외곽영역에서의 수화는 대칭적이고 큼직한 양손 사인이 더욱 많이 활용되어야 한다. 바티슨(Battison)(1978)은 비대칭적 사인 가운데 일곱 개의 움직임이 적은 손모양의 사인이 외곽영역에서 이루어지는 사인에 비해 더욱 빈번히 사용되고 있음을 확인하게 되었다고 한다. 한 실험에서(Lane, Boyes-Braem 및 Bellugi, 1976)는 이들 손모양이 시각적 지각에 있어 가장 적게 혼란되는 경향이 있음을 발견하였다.

말로 하는 것보다 종이에 글자를 써 내려가는 것이 시간이 더 오래 걸리지만, 반대로 정상적 말하기 속도보다 읽어 내려가는 것이 더 빠를 수 있다. 수화의 과정은 어느 정도 이와 비슷한 면이 있다. 본스타인(Bornstein)(1979)은 수화를 산출하고 지각하는데 따른 상호제약적인 정보의 전환에 특히 관심을 표명한 바 있다. 즉, 그에 의하면 (1) 사인 산출의 신체적 및 손짓 역동성은 음성 조음의 기제보다 느리게 나타나고 있으며, (2) 시각적 지각은 언어적 정보의 순간적 과정을 위해 청각적 지각보다 더 효과적이라는 것이다. 벨루기와 피셔 (1972)는 계속적인 강의에서 개개 말을 음성으로 표현하는 것보다 사인으로 산출하는 경우 약 2배의 시간이 더 소요되지만, 사인에 의한 언어적 의미 표현율은 구어로 표현되는 것과 거의 동일하다는 것이다.

도 22. 사인과 지문자(줄친 부분)의 영역

　결국, 수화는 사인의 손짓 요소에 대한 운동, 방향, 시간 등의 단위로서, 거기에다가 얼굴, 눈동자, 몸의 오리엔테이션에 의해 수행되는 손짓 이외의 부가적 정보를 동시에 가진 여러 방안을 통해, 복잡한 의미를 사인으로 압축하여 표현하는 한 방안이다. 수화의 공간적 문법적 특징은 사인산출의 운동제약과 사인지각의 시간적 제약의 양쪽을 동시에 보상하는 것이다. 음성언어에 있어 시간적 계열로 산출되고 지각되는 문법적 정보가 수화에서는 동시에 산출되고 동시에 지각되고 있다.

　사인이 어떻게 기억되는가 하는 문제에 지금까지 많은 관심이 표명되어 왔다. 구어와 문어에 대한 실험연구들은 정보를 조직화하는 상이한 특징을 가진 두 기억유형 간에 차이를 인정하고 있다. 정상청력을 가진 집단에서 몇 개의 단어나 철자를 제시한 후 몇 초 뒤에 회상하도록 하였을 때, 그 오류는 쓰여진 형태로 제시되었을 경우에조차도, 유사하게 소리나는 이름들의 항목에서 많이 나타나는 경향이 있었다(Conrad 1970). 이것은 단기기억은 음운론적(Phonological) 수준에서 의미에 기초하여 조직화되고 있음을 의미한다. 그러나 장기기억에 있어 정보는 의미론적(semantic) 수준에서 의미에 기초하여 조직화되고 있다.

사인에 대한 단기기억 연구(Bellugi와 Siple, 1974)에서 정상청력을 가진 집단은 음운론적 수준에서 말에 대한 오류를 나타내는 경향이 있으나, 농집단은 형태론적(cherological) 수준에서 사인에 대한 오류를 나타내는 경우가 많았다. 즉, 사인의 모양이 비슷한 경우 혼동이 많이 나타나고 있었다.

장기기억 연구에서(Siple, Fischer 및 Bellugi, 1977) 무선표집된 사인목록과 문어의 단어목록을 농학생들에게 제시하였다. 얼마 후에 다시 그 목록들을 제시한 후 각 목록이 이전에 제시된 목록인지 아닌지, 그리고 사인으로 제시되었는지 혹은 단어로써 제시되었는지를 결정하도록 했다. 그 결과 사인과 단어 양쪽 모두 장기기억에 있어서는 의미에 기초하여 조직화되고 있음을 확인하게 되었다. 이것은 이중언어를 구사하는 사람에 의해, 각각 다른 언어로 처리되었을 경우에도 마찬가지였다.

이는 결국 위치, 손의 모양, 움직임 등에 기초하여 사인을 부호화한 단기기억은 특수한 언어양식에 영향을 받고 있으나, 의미에 기초하여 단어에 대한 기억을 조직화한 장기기억은 특수한 언어양식으로부터 독립된 것이라는 결론에 이르게 한다.

사인에 대한 장기기억이 의미상으로 조직되는 것이라면, 사인의 어떤 특수한 의미론적 특성은 그들이 학습되는 방법에 영향을 미칠 수 있다. 사인의 한 현저한 특징은 **형상성(**形狀性, *iconicity*)으로 알려지고 있다. 어떤 사인은 그들이 나타내는 개념이나 대상에 대한 외양적 모양에 일치하고 있다. 어떤 대상은 공간적으로(예를 들면, ball) 나타내지고 있으나, 행위나 상태 등이 회화적으로(예를 들면, sleep) 표현될 수 있다. 원래 형상적인 사인은 사용과 더불어 더욱 임의적인 형태로 변화하는 경향이 있다(Frishberg, 1975). 그러나 어떤 사인은 특히 구체적 대상이나 개념을 나타내고자 할 때, 그들의 형상적 동일시를 강하게 반영한다. 형상적 사인이 경험 있는 성인 수화자에 의해 임의적 방법으로 표현되고 있을 경우에도(Bellugi, Klima 및 Siple, 1975), 그들의 표현은 어린 아이들이 새로운 사인을 학습하고 기억하는 과정에서 중요한 단위가 되는 것 같다.

이제 우리는 두 개의 가능한 예측을 할 수 있다. 즉, (1) 형상적 사인은 비형상적인 사인보다 어린 아이들에게 더욱 용이하게 학습되며, (2) 그러한 사인의 학습은 단어의 정상적 학습보다 더 용이한 것 같다는 점이다. 브라운(Brown, 1977)은 이런 점들에 대해 정보를 제공하는 흥미 있는 실험연구를 수행하였다. 그는 아동들에게 대상을 나타내는데 외양상으로 닮은 특징을 가진 새로운 사인과 의미를 나타내는데 형상적 단서를 나타내지 않는 다른 사인들을 각각 학습하도록 했다. 그 결과 브라운은 비형상적 사인보다 형상적 사인의 학습이 보다 용이하게 이루어지고 있음을 발견하였다. 그는 첫 사인은 구어에 의한 초어(初語)보다 더욱 용이하게 학습될 수 있다는 결론에 도달하였다.

가정에서 미국수화(Ameslan)로 양육된 농부모를 가진 농아동에 대한 언어학적 연구들은 수화의 획득과 정상아에 의한 구어의 정상적 획득간에 일치성이 있음을 밝혀주고 있다. 일반아동들은 6개월경에 음성적 옹알이를 시작하며, 농아동은 이 시기에 "손짓 옹알이"(gestural babbling)의 형태를 취한다고 한다. 어린 농아들은 그들 자신이 종합적인 손짓체제를 만들어내고 있음이 관찰되었다(Schlesinger 와 Meadow, 1972: Goldin-Meadow 및 Feldman, 1975). 정상청력을 가진 아동들은 12개월경에 단일단어를 표현하기 시작했으며, 농아동도 같은 시기에 단일 사인의 표현으로 비슷한 의미를 표현할 수 있었다(Skarakis와 Prutting, 1977). 농부모를 가진 농아동들은 일반아동이 구어에 의한 말을 습득하는 것보다 단일 사인의 표현과 두 개 사인의 결합적 표현이 보다 일찍 나타나고 있다는 보고들도 있다(Wilbur, Jones, 1974: McIntire, 1976). 거듭되는 발성의 평균길이를 관찰하기 위해 브라운(1973)에 의해 고안된 방법을 활용함으로써, 벨루기(1978)는 농아동도 정상청력을 가진 일반아동이 구어를 획득하는 것과 일치된 수화 획득과정을 보이고 있음을 발견하였다. 이들 연구의 결과는 결국 일반적 언어학적 법칙의 보편성이 수화의 획득과정에서도 적용될 수 있다는 주장을 뒷받침해주고 있다(Siple, 1978).

언어발달을 음운론적 수준에서 볼 때, 일반아동들은 다른 것들에 앞서 일련의 말소리를 획득한다. 수화로 양육된 농유아의 수화발달에 관한 연구들(Boyes-Braem: McIntire, 1978)은 영어의 A, S, C, G, B와 숫자의 5와 0에 해당되는 7개 종류의 기본적 손모양이 첫 수화로 습득되고 있다고 주장하고 있다.

사인-영어

수화는 구어를 정확히 손짓으로 표현한 것이 아니라는 것은 잘 알려져 있다. 그러나 수화는 구어의 문체를 나타내는 기호로 활용될 수 있다. 수화와 구어를 사인화한 것 간의 상호관계에 대해 많은 관심이 모아지고 있다(예를 들면, 스웨덴의 수화와 사인으로 된 스웨덴어를 연구한 Bergman의 연구, 1979).

수화는 손짓 표현과 시각적 지각의 제약성에 적합하도록 되어 있는 농자를 위한 자연언어 형태로 생각될 수 있다. 수화에 있어 사인들은 그 자체가 의미를 가지며, 그 자체의 방법에 따라 순서 지어지며, 영어의 구어표현과는 상이한 것이다. 그러나 그 체제는 영어문체가 나타내는 구조에 따라 개발될 수 있다. 우드워드(Woodward)(1973)는 하나의 사인체제는 일면 자연적 수화를 가지기도 하고, 다른 한편으로는 인위적 사인체제를 가지는 것이라고 주장하고 있다. 그 양자 사이에서 수화와 영어의 혼합성이 존재하는 것이다. 여기서는 영어를 부호화하는 데 강조를 둔 사인체제를 중심으로 논의하고자 한다.

대부분의 성인농자들은 이중 언어를 사용하는 지역사회에 속해 있다고 할 수 있는데, 그들은 주로 두 가지 유형의 수화를 사용하고 있다. 다른 농자들과 어울릴 때는 그들 고유의 수화를 사용할 뿐더러 그들이 향유하는 사회 문화적 특성을 잘 유지하지만, 반대로 일반인들과 함께 있을 경우에는 영어의 말에 적합한 용어 주석에 따라 수화의 사인을 활용함으로써, 영어의 지배적 언어법칙에 따라 그들 자신을 표현하려고 한다. 사인은 경우에 따라서는 지문자로, 또 영어의 어순에 맞도록 사용될 수도 있다. 물론 이것은 영어 통사론에 대한 지식을 전제로 한다. 사인의 이같은 변형은 영어에 사인을 일치시킴으로서, 수화 이외의 특징을 자연히 포함하게 된다. 결국, 이것은 양쪽 언어의 구조를 혼합한 중국식 엉터리 영어 형태(pidgin form) 같은 것이 되고 만다(Woodward, 1973: Bornstein, 1979).

수화를 익힌 대부분의 정상자들은 오히려 수화구조에 어려움을 가지게 되는 경향이 있고, 영어구조에 따라 사인을 적용하게 된다(O. Rourke, 1973: Bornstein, 1979). 농자와 일반인 간의 커뮤니케이션을 위해, 말하기와 독화는 대화과정의 주요한 구성부분이 될 것이다(구어와 수화매체의 동시 사용에 대한 언어학적 · 지각적 측면의 일부는 다음 장에서 논의될 것이다). 커뮤니케이션의 이 두 가지 형태에 대해 상이한 개념을 사용함으로써 몇 가지 곤란성이 제기되고 있다. 수화와 지화의 양쪽 손짓매체를 기본적 구성요소로 하고 있는 것으로서, 손짓영어는 하나의 적절한 예시가 되고 있다. 이 개념은 미국(예를 들면, 워싱턴 주립 농학교)과 영국(Savage 등, 1981) 양쪽 모두에서 적용되어 왔으나, 일찍이 사인으로 된 영어(Signed English)의 개념이 사용되어 왔다(O' Rourke, 1973). 또한 우드워드(Woodward)에 의해 제안된 사인의 인위적 체제가 손짓영어(Manual English)의 일반적인 개념으로 받아들여짐으로써, 설사 이들 체제중의 일부는 사인으로 된 영어(Signed English)로 알려져 있지만, 개념상의 혼란은 더욱 심하다(O' Rourke, 1973: Gustason과 Woodward, 1973).

이들 개념을 취급함에 있어, 각 시스템이 지향하고 있는 바를 정확히 깨닫는 것이 중요하다. 커뮤니케이션의 두 형태간의 차이를 분명히 하기 위해, 여기서는 사인과 지문자를 결합한 것을 **사인-영어** (*Sign-English*)라는 개념으로 사용할 것이다. 이것은 수화로부터 "Sign"을, 그리고 영어로부터 "English"를 따와서 혼합하여 재현한 것이다.

사인으로 된 영어 체제들

지금까지 지문자와 결합된 수화사인 가운데 자연적 사인의 사용과 전혀 다른 영어 통사론에 입각하여, 이것을 정확히 반영하는 인위적 사인체제에 대해서 언급하였다. 이들은 영어 문체를 그대로 사인으로 나타낸 것이기 때문에, "*Signed English*" 체제라는 말로 표현할 수 있다.

새로운 사인을 보탬으로써 수화를 확장한 것, 혹은 아주 인위적인 사인체제를 개발한 아이디어는 일찍이 프랑스 구어에 일치시키려고 노력한 드 레빼(Abbe de l'Epee)의 방법론적 사인체제에까지 소급해갈 수 있다. 19세기 초기에는 독일어를 사인으로 나타낸 한 시스템이 사용된 적도 있었다.

영어문체를 대표하는 영국체제는 1930년대 중반에 파젯(Richard Paget)경에 의해 처음 고안되었으며, 1960년대와 1970년대에 **파젯-고르먼**(*Paglt-Gorman*) 사인 시스템으로 고르먼 박사에 의해 더욱 발전되었다. 이것은 하나 하나의 영어 낱말 혹은 한 낱말의 부분에는 하나의 사인이 주어져야 하며, 이들 사인은 영어의 어순에 따라 순서 지워져야 한다는 생각에 기초하고 있다. 이 시스템은 보다 구체적 의미를 나타내는 사인을 확정함으로써, 거기에 수반되는 공통 주제의 말들에 대한 기본 사인을 구성한다. 예를 들면, "사람"이라는 기본사인은 한 손으로 이루어지고, 동시에 "의사"를 의미하는 구체적 사인은 다른 한 손으로 만들어진다. 접사와 조동사에 해당되는 구체적 사인도 이 시스템에 포함된다. 이 시스템은 영국과 스코트랜드의 일부 농학교에서 적용되어 왔으며, 발달적 언어문제를 가진 일반아동을 위한 학교에서도 사용되었다.

　일련의 고안된 사인체제가 1970년대에 미국에서도 개발되었다. 이들 가운데 다음의 세 가지는 역사적으로 서로 관련이 있다. 즉, *Seeing Essential English*(Anthony, 1971), *Visual English*(Wampler, 1971), *Signing Exact English*(Gustason과 Gustason 등, 1972) 등이다. 이들 세 시스템은 사인으로 영어를 표현하는 데 공통적 목적을 가지고 있다. 일반적으로 이들은 새로운 사인을 만들어 내기도 하고, 기존의 사인을 수정하거나 접두어, 접미어, 복수, 관사

도 23. Signed English의 사인 제조틀

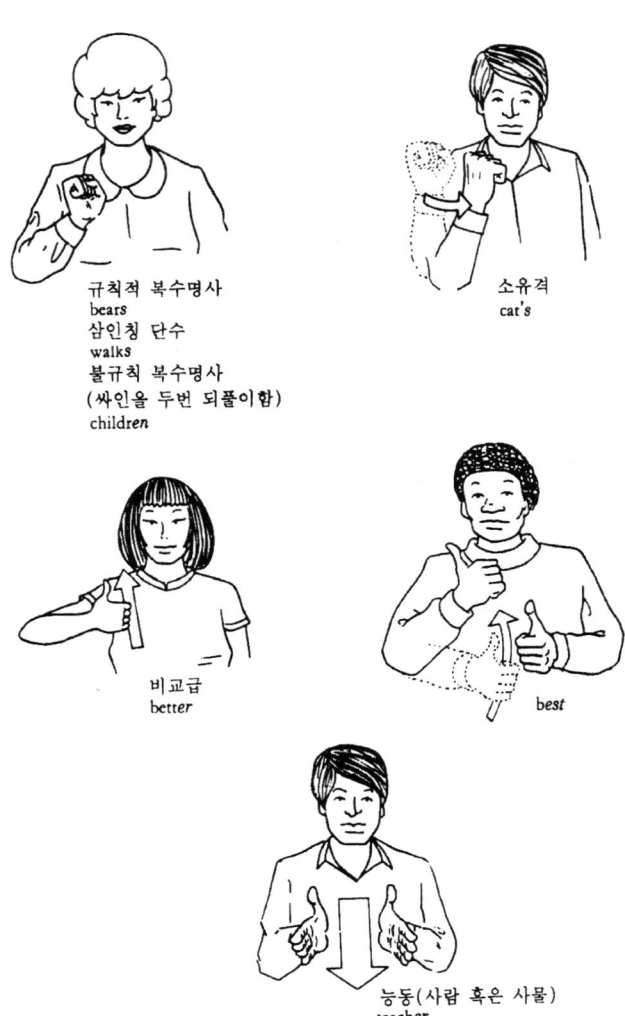

규칙적 복수명사
bears
삼인칭 단수
walks
불규칙 복수명사
(싸인을 두번 되풀이함)
children

소유격
cat's

비교급
better

best

능동(사람 혹은 사물)
teacher

도 23. 계속

등에 해당되는 사인을 만들어 내고 있다. 이들 체제들은 지문자에 의존하지 않는다. 이들 세 시스템 가운데 Signing Exact English가 가장 널리 사용되고 있다(Bornstein, 1979).

이 외에 잘 알려진 시스템으로 *Signed English*(Bornstein 등, 1975)라는 것이 있다. 이 시스템은 영어 낱말의 의미에 따라 "사인 낱말"의 어휘를 구성하고 있다. 가능한 한 미국수화(ASL)의 사인이 활용되고 있으며, 이 외에 14개의 "사인 제조틀"(sign Markers)이 공통되는 말의 형태를 바꾸어 재현하도록 사용되고 있다. 이들 제조틀들은 규칙적 및 불규칙적 복수와 과거, 3인칭 단수, ing동사형, 분사, 부사, 형용사, 소유격, 비교급, 최상급, 능동태, 그리고 반대를 나타내는 접두어 등을 나타낸다. 예를 들어, 미국수화(ASL)의 D손짓은 과거시제를 나타내고, S손짓은 복수를 나타낸다. 이 체제로 나타낼 수 없는 것은 영어 낱말을 지문자로 나타낸다.

제6장 동시 커뮤니케이션

앞 장에서는 언어의 시각적 지각을 위한 주요 매체에 관하여 언급하였다. 말하기, 독화, 지화, 수화 등은 각각 독립된 커뮤니케이션의 수단으로 생각될 수 있지만, 여기서는 이들 매체들을 동시에 결합하여 사용하는 것에 대해 논의해 보고자 한다. 음성에 기초한 말하기와 손짓에 기초한 수화나 지화가 동시에 표현될 수 있다. 구화매체와 수화매체를 동시에 사용하는 것을 **동시 커뮤니케이션**(*Simultaneous communication*)이라고 한다.

구화와 수화매체를 통한 동시 수용은 다른 한 쪽의 매체로 받아들여지는 것이 빠뜨려진 부분에 대해 추가적 정보를 마련해 준다는 것을 전제로 하고 있다. 그러나 여기에도 약간의 문제가 있다. 본빌리안(Bonvillian)과 넬슨(Nelson)(1978)은 다음과 같이 적절히 지적하고 있다.

> 그러한 중복성(redundancy)은 각 언어매체 양식의 정보를 성공적으로 처리할 수 있는 아동에게만 도움이 될 수 있을 뿐이고, 두 개의 언어통로에 익숙치 않으면 추가적 도움보다는 아동에게 오히려 혼잡을 야기할 수도 있다(p.205).

본 장은 구화와 수화매체의 동시 사용에 따른 언어학적 및 심리학적 측면의 일부를 밝혀보고자 한다. 여기서는 동시 커뮤니케이션에 포함되는 지각적 및 인지적 과정을 검토할 것이며, 또 농아동에게 언어학적 정보의 수용에 영향을 미치는 것에 대한 연구로부터 얻어진 몇 가지 결과를 검토하고자 한다.

커뮤니케이션과 내면화

시각적 시스템에 대한 앞 장의 설명은 용어 설명이 상이하게, 심지어는 모순적인 방법으로 적용되어 왔다(이를테면, Signed English 와 Manual English란 말을 섞바꾸어 사용하는 것이다). 분명하고 일관된 논의의 한 기초로서 구화와 수화매체의 동시 커뮤니케이션 모델이 제공될 것이다. 이것은 산출과 지각과정에 대한 이해를 돕게 될 것이며, 본 장에서 용어가 사용되는 방법을 규정할 것이다.

도 24에서 정상 청력을 가진 사람에 있어 언어 커뮤니케이션 과정이 제시되고 있다. 특히 구어에 의한 커뮤니케이션에 있어, 한 사람은 말하는 것을 통해 통신을 보내며, 상대방은 듣는 것을 통해 통신을 받아들인다. 전환의 양식은 표현 매체로서의 말하는 것과 수용 매체

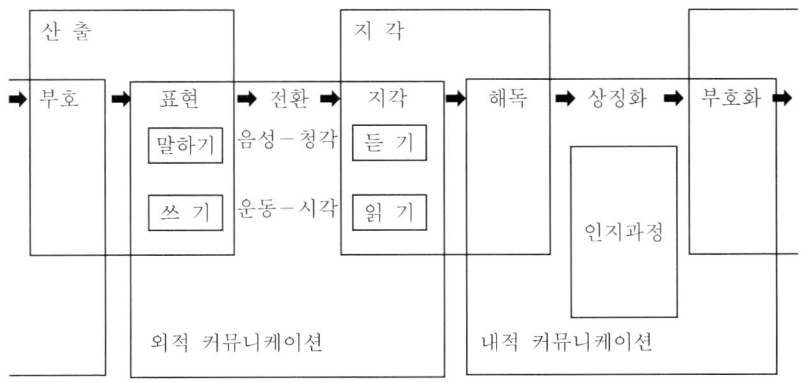

도 24. 커뮤니케이션과 언어의 내재화

로서의 듣는 것인 **"음성-청각"**으로 설명될 수 있다. 상대방에 의한 통신의 수용은 기억화, 추리화, 혹은 개념화와 같은 그런 인지 활동에 관련된다. 이 활동은 대상과 개념을 재현하기 위해 단어를 사용하기 때문에, 이것을 **상징화**(*symbolization*)라는 말로 나타낼 수 있다.

문어에 있어서도 표현은 쓰는 것에 의하며, 수용은 읽는 것에 의하고, 정보는 **"운동-시각"** 양식에 의해 전환된다. 단어는 쓰여진 형태로 전달되지만, 이들은 구어 단어와 꼭 같은 의미를 가지고 이해된다. 상이한 감각 이미지들이 과거 경험과 교류를 통하여 번역되어지는 과정을 차일드(Child, 1977)는 다음과 같이 잘 진술해 주고 있다.

> "장미"라는 개념을 당신이 경험한 것에 - 구어, 문어, 냄새, 보는 것 등을 통해 - 얼마나 많은 방법이 있는가를 생각해 보라……. 그러나 이 모든 것은 공통된 부호로 변형된 것이다. 감각적 경험은 공통적 의미가 주어지는 범위 내에 있으므로…… 신경계통은 취해야 할 지각을 위하여 물리적 이미지 투입의 정확한 전환을 수행하지 않으면 안 된다 (p.65).

문어와 구어에 있어 외양적 모양과 음성적 신호들은 인지적 과정을 허용하는 형태로 해독된다. 인지활동의 산출은 문자나 구어 형태로 부호화된 새로운 개념이 될 것이다.

이 기술적 모델에서 산출은 부호화와 표현으로 구성되며, 지각은 수용과 해독으로 구성되고 있음을 보게 된다. 한 사람에 의한 산출과 다른 한 사람에 의한 지각은 정보의 전환에 의해 연결된다. 한 개인 내에 있어 상징화는 지각과 산출간의 중간 위치를 차지한다. 그래서 외적 커뮤니케이션은 표현, 전환 및 수용을 포함하며, 내적 재현은 해독, 상징화, 그리고 부호화 등을 포함한다.

이 모델은 구화와 수화매체의 동시적 커뮤니케이션에 있어, 일어나는 변화가 어떤 것인가를 관찰하기 위해 개발되고 있다. 도 25는 그 전환이 이중 모델로 복잡성을 띠고 있는 것을 설명하고 있다. 두 개의 표현매체는 말하는 것과 지문자와 결부된 사인을 산출하는 것, 편의상 이들은 수화/지화로 불리는 것이다. 이것은 지각에 대한 약간의 의문을 제기하고 있다.

보청기로부터 이익을 얻을 수 있는 충분한 잔존청력을 가진 사람에게 말의 지각은 청각과 시각 양쪽 모두이다. 즉, 전환은 음성-청각/시각적 양식에 의한다. 이것은 청각과 독화를 통해 동시에 받아들여질 수 있도록 하기 위해 동일한 언어적 정보를 요구한다. 보청효과와 함께 독화를 동시에 사용하는 것이 말의 수용과 이해를 위해 청각이나 독화를 각각 별도로 사용하는 것보다 더 좋다는 것은 그간 계속해서 추구되어온 실험연구의 주요 관심사가 되어왔다(Albright, 1944: Numbers와 Hudgins, 1948: Hopkins, 1953: Prall, 1957: Hutton, 1959: Evans, 1960: Reeves, 1961: Duffy, 1967: Erber, 1971: Nickerson, Bick, Michal, 1976).

청각과 독화는 듣는 것과 보는 것에 의한 두 개의 다른 이해양식을 가지지만, 독화와 수화/지화는 시각적 이해에만 의존한다. 이것은 "두 개의 다른 시각적 신호가 동시에 수용될 수 있는가?"라는 의문을 제기해 준다. 영국에서 이 점에 대한 의문이 교육실제에서 수화 커뮤니케이션을 배제함으로써 추적되었다. 와슨(Watson, 1976)은 다음과 같이 주장하고 있다.

두 개의 시각적 커뮤니케이션 매체가 동시에 지각될 수 있다는 것이 밝혀지지는 않았다. "결합된 표현"을 주시하는 농자는 하나의 매체로부터 다른 매체로 바꾸게 되거나, 혹은 전적으로 어느 한쪽 매체에만 의존하게 되며, 동시에 양쪽 매체로부터 정보를 얻는다는 것은 불가능하다. 이런 점에서 우리는 농학교에서 언어발달을 위해 구화법에 대한 한 보완으로 이들 시각적 방법을 적용하는 것은 별 의미가 없는 것으로 본다(p.6).

그러나 캐나다에서의 한 연구에 의하면, 농아동은 동시에 구화매체와 수화매체로부터 정보를 받아들일 수 있다는 것을 주장하고 있다. 라이히(Reich)와 그의 동료들(1976)은 9세에서 12세까지의 농아동에게 여러 가지 조건하에 문제를 제시해 본 결과, 지문자와 결합된 독화의 이해력 수준이 이들 두 매체의 어느 하나를 사용하는 것보다 더욱 좋았다고 보고하고 있다.

피셔(Fisher)와 후서(Husa, 1973)의 연구로부터 지화와 독화를 결합한 결과에 대한 약간의 정보를 얻을 수 있다. 그들은 지문자의 모양에 따라 그 식별력이 아주 다양하였으나, 입술 모양을 보고 구별하기가 어려운 일부 자음들은 손모양에 따라 구별되고 있음을 관찰하였다. 이것은 지문자가 독화의 애매성을 도와 줄 수 있는 부분적 단서 체제로서 기여하고 있음을 의미한다.

독화와 지화의 결합된 매체를 받아들이기 위해서는 물론 송신자의 손과 입모양이 시각적 지각을 위해 적합한 중심 영역 내에 있을 때만이 가능하다. 라이히(Reich, 1976)에 의한 연구는 독화와 병행되는 지문자의 이해를 위한 적합한 손의 위치에 대해 약간의 정보를 마련해 주고 있다. 네 개 손의 다른 위치가(오른손을 사용하는 송신자의 경우) 다음과 같이 비교되었다. 즉, (a) 입의 오른쪽으로 6인치, (b) 입의 오른쪽으로 24인치까지 확장된 것, (c) 입 밑의 8인치에서 오른쪽 어깨 앞, (d) 허리에서 입 밑으로 18인치 등이다. 수화와 지문자가 결합된 말의 이해를 위해 입의 오른쪽에서 6인치에 손이 위치한 경우에 가장 이해가 용이했다고 한다.

동시 커뮤니케이션에 있어, 역시 수화는 가장 지배적 역할을 한다. 앞 장에서 수화를 설명할 때에 수화 통신은 구화보다 더 오랜 시간이 소요된다고 했다. 코클리(Cokely)(1980)는 수화가 특별히 고안된 하나의 시스템에 의존하고 있는 경우, 표현 정도에 있어 특별히 문제가 있다는 것을 지적했다. 이들 수화 시스템은 영어 낱말을 나타내기 위해 사인을 사용하지만, 또한 통사론적 특징을 위해 부가적인 특수한 사인을 사용하기도 한다. 그래서 꼭 같은 영어 문장을 나타냄에 있어, 구어보다 더 많은 사인이 요구될 수 있다. 말하기와 함께 수화를 하였을 때, 발생하는 사인의 생략과 오류가 어느 정도인가를 구체적으로 밝힌 연구가 있다(Baker, 1978: Marmor, Strauss, Petitto, 1979).

속도에 있어 유사한 문제점이 지문자의 경우에도 해당된다. 본슈타인(Bornstein, 1979)은 지문자의 보통 속도가 1분에 60개 단어 정도이며, 이것은 말하기의 평균 속도에 비해 40%에 해당된다고 했다.

베이커(Baker)와 코클리(Cokely)에서 재인용, 1979)는 동시 커뮤니케이션에서 실제로 일어나는 것을 관찰하여, 손짓 사인과 구어를 결합한 경우 각각의 표현 속도를 측정하였다. 정상청력을 가진 집단은 1분에 160단어 가량 구어로 표현하는데, 이것은 그들의 정상적 말하기 속도보다 20% 감소된 것이었으며, 사인은 정확히 1분 동안 90사인으로 나타났음을 발견하였다. 사인-영어를 사용하는 농자 집단은 1분간 약 100사인을 사용하여, 사인의 속도가 일반인보다 빨랐고, 말하기 속도는 1분간 140단어로서 일반인 집단보다 더 낮게 나타났다.

지문자와 수화에 관한 이 정보는 대개 동시 커뮤니케이션에 있어 적합한 표현 속도는 1분간 100에서 150단어임을 말해주고 있다. 물론 이것은 정상적인 말하기 속도보다는 느린 것이지만, 청각장애의 정도가 심한 농자에게 진정한 선택은 동시커뮤니케이션을 통한 영어 이해의 속도와 독화를 통한 정상적 말하기의 식별력 수준간의 관계에 의해 결정될 것이다.

수화의 공간적 측면을 언어기술에 대한 뇌의 특수한 기능에 관해 알려진 관점에서 볼 때, 어떤 의미를 가지는가 하는 것은 퍽 흥미 있는 문제이다. 인간 두뇌는 두 부분으로 된 뇌 반구체를 가지고 있는데, 이들 대뇌반구는 신체의 반대편과 연결되어 있을 뿐만 아니라, 인지기능과 관련하여 상이한 기능을 가진다. 왼쪽 대뇌반구 손상을 가진 경우 대개 언어장애를 수반하게 되는데, 이것은 대부분 사람들

경우 왼쪽 대뇌반구가 주로 구어와 문어의 표현과 이해에 반응하기 때문이다.

몇몇 실험연구들은 말하기는 나이 어린 단계에서 확립된다는 것을 밝힌 바 있다. 기무라(1963)는 정상아동에게 숫자암송을 양쪽 귀에 동시에 실시한 집단에 비해, 오른쪽 귀에 들려지는(즉, 왼쪽 대뇌반구에 처리된) 숫자암송에 집중하도록 한 경우가 더욱 좋은 숫자암송의 재생능력을 보인다고 하였다. 음절이나 단어를 사용함으로써, 비슷한 실험연구가 다른 연구자들에 의해서도 수행된 바 있다. 이들 연구 결과들을 종합하여 콘라드(Conrad, 1979)는 "대뇌 발달이 4세경에는 확립이 되어, 그 후 몇 년 동안 계속 발달해 간다는 것이 확실히 입증되고 있다"고 주장하고 있다. 또한, 콘라드는 읽기 능력 발달의 상이한 단계는 대뇌발달과 관련하여 상이하다는 몇몇 연구 결과를 설명했다. 즉, "최초의 읽기 능력은 그 특징에 있어 주로 공간지각 능력에 관계되지만, 그 이후 단계로 나아 갈수록 왼쪽 대뇌반구 발달과 관련된 언어요소와 더욱 밀접한 관련이 있다"는 것이다 (p.255).

오래 전(1876)에 잭슨(Jackson)(Blanton과 Brooks, 1978에서 인용)은 오른쪽 대뇌반구는 시각 인지와 시각 기억을 위해 주요한 기능을 가진다고 주장한 바 있다. 초기에 행해진 일련의 실험 연구들 (Weisenburg와 McBride, 1935: Hebb, 1939: Brain, 1941: Paterson 과 Zangwill, 1944)은 부호화와 공간적 사태의 해설을 위해 오른쪽 대뇌반구의 역할을 지적한 바 있다. 멕피(McFie, 1972)는 대뇌손상을 가진 사람들에게 단어를 쓰는 능력과 기하학적 그림을 묘사하는 능력에 대해 연구해본 결과, 왼쪽 대뇌반구는 언어기능에 관련되어 있고, 오른쪽 대뇌반구는 공간적 기능에 관련되어 있음을 확인하게 되었다.

여러 연구의 결과를 종합하여, 네빌(Neville, 1976)은 대뇌의 활동 영역을 다음과 같이 개관하고 있다.

> 왼쪽 대뇌반구는 끊임없이 분석하고, 개념적 유사성에 주의를 기울이고, 자세한 것을 지각하고, 언어적 진술의 개념으로 감각 투입을 부호화하는 반면, 오른쪽 대뇌반구는 공간을 종합화하고, 시각적 유사성에 주의를 기울이고, 형태를 지각하고, 상상의 개념으로 감각 투입을 부호화한다(p.198).

이것은 수화의 시각적 이미지와 공간적 문법이 어떻게 진행되는가를 상기시켜 준다. 비록 일부 정보는 정상청력 집단을 대상으로 한 실험연구로부터 얻어진 것이긴 하지만, 수화에 대한 대뇌반구 역할의 문제에 대해 희미한 해답이 제시되고 있다(Mckeever, Hoemann, Florian 및 Van Deventer, 1976). 한 연구에 의하면, 철자법적 언어자극－단어와 문자－은 왼쪽 대뇌반구에서 처리되는 반면, 손짓 언어자극－사인과 지문자－은 오른쪽 대뇌반구에서 처리되고 있음을 밝히고 있다. 확실히 수화는 오른쪽 대뇌반구 활동에 해당되는 공간적 정보의 과정을 포함한다. 이것은 언어 이해와 표현에 어떻게 영향을 미치게 되는가? 콜새르(Coltheart, 1980)는 (뇌손상을 가지지 않은 정상청력 집단에 있어) 구체적 및 추상적 어휘 모두가 왼쪽 대뇌반구에서 처리될 수 있지만, 추상적 어휘는 오른쪽 대뇌반구에서 처리되기는 몹시 곤란하다고 했다. 나아가 그는 심한 난독증(dyslexia: 즉, 왼쪽 대뇌반구 손상에 관련하여 읽기와 쓰기에 특히 곤란을 가지는 것)은 단어에 의해 제시된 말하기를 소리내어 읽는 능력에 제약성을 가지는 것이라고 규정했다. 이런 제약성을 가진 아동들은 오른쪽 대뇌반구의 잔존 언어능력을 잘 활용함으로써, 명사를 가장 잘 읽을 수 있고, 그리고 형용사와 동사도 읽어낼 수 있으나, 관사, 전치사, 접속사 등을 읽는 데는 곤란성을 겪는다고 했다.

공간 지각은 오른쪽 대뇌반구에서 구체화되기 때문에, 쓰여진 어휘나 말로 표현된 어휘와 마찬가지로 사인으로 나타내는 것도 유사하다고 한다면, 어휘적 정보를 나타내는 영어의 **내용**(*content*) 어휘를 사인화하는 것은 촉진되겠지만, 아마 통사적 정보에 기여하는 데 필수적인 **기능**(*function*) 어휘를 사인화하는 능력은 감소될 것이다. 이미 앞에서 언급된 바와 같이 사인은 어의적 레벨에서 의미에 기초한 장기 기억으로 저장되기 때문에, 내용 어휘에 대한 사인 처리가 더 잘 될 것이다.

실제로 수화는 영어를 충분히 재현하기 위해 지화와 독화가 함께 병용되고 있음은 이미 알려진 사실이다. 지금까지의 몇몇 연구들은 동시 커뮤니케이션의 언어학적, 신경학적, 심리학적 측면의 상호작용을 잘 예증해주고 있다. 사인은 내용 어휘의 어의적 정보를 완벽하게 나타낼수는 없지만, 같은 정도로 기능적 어휘를 잘 표현하지는 못한다. 기능적 어휘는(예를 들면, a, on, of, to와 같이) 짧은 경향이 있고, 독화를 통해 쉽게 이해될 수 없다(Taaffee와 Wong, 1957: Erber, 1971).

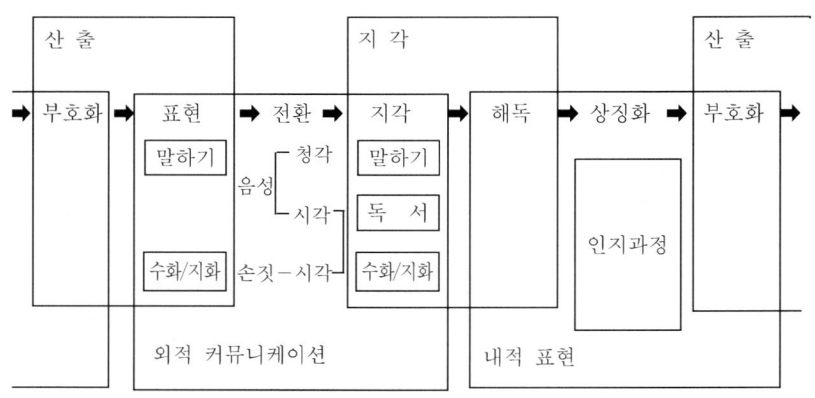

도 25. 구화와 수화매체에 있어 동시 커뮤니케이션

독화는 전체 문장의 맥락으로부터 지각적 괴리를 메우기 위해 철자가 다른 동음이의적(同音異意的, homophenous) 단어(역자주: 예를 들면, sail과 sale 같이 다른 의미와 다른 철자를 가진 두 단어가 같은 음을 가지는 경우)간에 풍부한 추측을 요구한다. 정상 청력을 가진 집단을 대상으로 한 실험연구에 의하면(Treisman, Herriot에서 재인용 1970), 구어에 있어 기능 어휘를 추측하는 것은 문장 내에서 별개의 어의적 단서에 의존하고 있다. 긴 문장은 독화를 위해 더욱 곤란한 것으로 알려져 있다(O' Neill, 1954: Clouser, 1976). 그러나 짧은 기능 단어들은 지문자나 최초로 표현되는 도입 사인에 의해 정확히 전달될 수 있다. 예를 들면, 관사 a, an과 the는 측면 이동을 수반한 [A]지문자와 한 바퀴 회전하는 [A-N]과 [T]지문자에 의해 동시 커뮤니케이션으로 나타내진다(Riekehof, 1978). 이들 상이한 매체(즉, 수화와 지문자)는 서로 보완적 역할-내용단어를 표현하기 위해 사인화하는 것과 기능단어를 전달하기 위해 지문자로 표현하는 것-을 가지므로, 구어나 문어 영어를 엄밀히 표현하거나 통사론적 양립성을 가지는 형태로 동시에 종합화되고 있다.

언어학적 효과

농아동에게 결합된 매체를 사용한 것에 대한 일련의 연구가 있다. 미국의 농청소년들을 대상으로 한 연구에서, 클로핑(Klopping)(1971)은 언어 이해는 지화에 독화가 부가되었을 때, 그리고 거기에 수화를 더 부가하였을 때 더욱 증진되었다고 주장했다. 비슷한 결과가 스코트랜드의 농아동을 대상으로 한 몽고메리(Montgomery)와 린스(Lines)의 연구에서도 밝혀졌다. 이같은 효과는 11세에서 16세 사이의 농아동을 대상으로 연구한 영국의 다른 한 연구(Evans, 1978)에서도 확인되었다.

지화와 독화를 결합한 경우는 독화만으로 하는 식별력에 비해 50%나 식별력의 증진을 가져오게 했으며, 거기에 수화를 결합한 경우는 지화와 독화를 결합한 경우보다 40% 이상의 증진을 가져온 것으로 밝혀졌다. 그로브(Grove), 오설리반(O' Sullivan) 및 로다(Rodda) (1979)의 연구에 의하면, 그들 자신의 취향에 따라 구화만으로나 혹은 결합된 매체를 청소년들에게 사용하도록 한 결과, 구화와 수화매체를 결합한 경우가 언어학적 자료의 다양한 유형을 전환하는 데, 보다 우월하다는 것이 밝혀졌다. 연구자들은 이 우월성은 아주 복잡한 통사론적 매체일수록 더욱 확대되었다는 결론을 얻었다(p.539). 이들 연구들은 한결같이 구화와 수화매체로 결합된 동시적 커뮤니케이션의 개선된 효과를 입증해 주고 있다.

제7장 언어발달의 전략

독화, 지화, 그리고 수화는 손짓과 시각적 수단으로 언어를 전달하는 것이라고 했다. 잔존청력을 활용한 독화를 비롯해서 수화와 지화는 동시 커뮤니케이션의 기본 요소들이며, 읽고 쓰는 것과 함께 이들은 영어를 체계적으로 전달하는 주요 수단을 구성하고 있다. 제스처, 몸짓, 삽화 등은 커뮤니케이션을 더욱 강화해 주며, 수화는 농자에게 사회적 상호작용을 풍부하게 하고, 문화적 희열을 증진시켜 준다.

토털 커뮤니케이션의 개념은 언어 활동의 폭넓은 네트워크를 포괄하지만, 구어·지화·수화·문어는 각각 언어학적 중핵을 구성하고 있다. 언어학적 기호들은 일관된 전환과 내적 상징화가 가능한 것이므로, 이들은 언어적, 인지적 성장에 적절히 기여하는 매체가 된다. 연구 결과들은 언어 커뮤니케이션을 위한 매체의 적절한 결합을 통해 토털 커뮤니케이션의 **구조**에 대한 이해를 마련해 주고 있다. 또한, 언어발달을 위한 이들 매체의 적절한 계열적 도입을 통해, 토털 커뮤니케이션의 **전략**을 이해할 필요가 있다. 본 장에서는 그러한 발달적 전략을 위해 이론적 모델의 구성에 기여하는 몇몇 연구결과들을 검토하고자 한다.

우리는 정상적 발달 계열에 대신하여 시각적 언어발달에 관심을 가지겠지만, 역시 정상적 언어발달 코스가 주요 참고자료로 활용될 것이다. 특수한 학습상의 문제를 지니고 있지 않은 12세경의 정상아동은 잘 발달된 언어를 가지고 있다. 구어와 문어 기술은 아동이 생각하고, 다른 사람과 의사소통하고, 학교에서 학습을 하는 데 상당한 정도로 영향을 미치게 되며, 이 언어 기술은 필름, TV, 미술, 연극, 책 등을 통한 폭넓은 채널로 커뮤니케이션 매체의 도구들을 활용하고 해설하도록 하며, 이들은 일반아동을 위한 "토털 커뮤니케이션"의 중핵 요소를 구성한다. 이들 기술들이 획득되는 전체적 계열은 자연발생적인 것으로 알려져 있다. 이것은 도 26에서 잘 보여주고 있다.

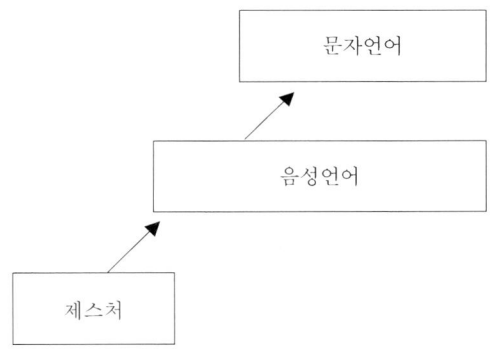

도 26. 일반아동의 언어발달 계열

일차적 언어 능력은 먼저 음성언어로 획득된다. 언어의 이해국면은 표현국면을 수반하게 되므로, 언어이해는 일상적으로 언어표현에 선행한다. 레네버그(Lenneberg, 1967)가 기술한 대로, 음성화와 말하기 발달의 정점은 상대적으로 연령에 따라 고정된다. 4개월경이 되면 아동은 말소리에 반응을 나타내며, 말하는 사람을 보려는 시늉을 내면서 머리와 눈동자를 돌린다. 6개월에 모음과 유사한 소리로 단음절을 발성하는 것과 옹알이를 시작한다. 12개월에 일부 단어와 자음들을 이해하게 되고, 단어를 지껄이기 시작한다. 그리고 18개월에 몇 개 단어를 사용하게 되며, 24개월경에는 두 개 단어로 결합된 50개 이상의 어휘를 사용한다. 3세에 약 1,000개 어휘를 구사하며,

그 대부분은 명료하게 발성된다. 4세에는 언어가 기본적으로 확립되어, 표현의 문법적 복합성이 일상적 성인 언어수준에 이르게 된다.

일반적으로 음성언어는 2세에서 3세 사이에 출현한다. 열두 살경에 이르기까지 모국어 습득 가능성은 계속 향상된다. 그 이후에는 모국어 습득을 위한 잠재 능력이 상실된다. 대뇌 성숙의 개념에서 볼 때, 언어행동에 대한 생리적 요구에 자신을 조직하고 적응시키는 능력이 그 이후에는 점차 감퇴된다.

네 살경에 이르러 아동은 형식적 교육을 받기 시작함으로써 문자언어가 지도된다. 문자 언어는 음성 언어를 재현하기 위한 감각적 '부호'이므로, 읽기와 쓰기 기능은 음성언어 능력의 한 전위로서 학습된다.

표현 언어가 출현함으로써, 단어는 그들이 지칭하는 대상이나 행위와 연합된다. 아마 조기의 인지적 연합은 지각과 더불어 확립되는 것 같다. 삐아제(Piaget, 1962)는 인지발달의 한 단계를 감각 운동기로 지칭하였는데, 이 단계는 아동이 언어학습의 시작을 표시하는 상징 체제를 다룰 수 있는 준비가 되어 있기 이전의 단계이다. 6개월경에 아동은 장난감과 같은 친숙한 대상을 주시하기 시작하며, 습관적으로 대상과 관련된 행동을 간편한 형태로 시연하게 되는데, 삐아제는 이것을 "운동 인식"(motor recognition)이라고 했다. 브라운(Brown, 1973)은 아동의 첫 문맥은 조기의 비언어적 과정에 기초하여 구축된다고 했다. "처음 단계의 언어적 구성이 감각운동 지능보다 선행하는 것이라면, 도대체 그것은 어디에 연유하여 나타나게 되는가?(p.199).

단어를 의미 있게 지껄이기에 앞서, 몸짓행동이 다음 단계의 언어발달을 위한 약간의 후속 목적을 가지고 활용되고 있다는 주장은 퍽 주목을 끌게 한다. 배이터스(Bates), 카마이오니(Camaioni), 그리고 볼테러(Volterra, 1975) 등은 그들이 관찰한 세 유아에게 9개월경부터 몸짓과 가르치는 것을 통한 전언어학적 표현의 출현을 관찰할 수 있었고, 밀어내기 위해 물건이나 장난감을 사용하는 것을 볼 수 있었다. 그들은 이 몸짓행동을 구체적 언어행동을 위한 대치 내지는 실제적 준비 단계로서 이것을 "최초의 언어"(protolanguage)로 해석했다. 우리의 모델에서, 이 조기의 몸짓행동은 음성언어의 표현과 이해의 틈바구니에서 이것과 중복 혹은 전환되는 것으로 나타나고 있다. 그러나 기번스(Givens, 1977)는 언어적 커뮤니케이션이 확립된 이후에도 이 전언어학적 활동은 완전히 소멸되는 것이 아니라, 어른의 몸짓 활동으로 전환된다고 주장했다.

커뮤니케이션 계열

여기서는 농아동의 언어발달 모델의 구성을 중심으로 논의해 보고자 한다(물론 여기서 말하는 농아동은 복잡하고 심한 중복장애를 수반하지 않는 전형적인 농을 의미한다). 날 때부터 혹은 출생 직후에 농이된 자는 청각을 통해 음성언어를 획득하는 가능성이 막혀버린다. 그러한 농아동에게 일차적 언어능력은 별도의 대체 매체를 통해서 확립되지 않으면 안 될 것이다.

전통적 구화주의 철학은 청각에 대신해서 음성적-시각적 이중 산출로서 독화를 중시했다. 토털 커뮤니케이션의 개념에 의하면, 독화 하나만으로는 토털 커뮤니케이션의 목적을 위해 부적절하다는 것을 인정하고 있다.

구화 일변도 접근에 있어, 언어 습득을 위한 독화의 이론적 부적합성이 레네버그(Lenneberg, 1967)에 의해 비판되었다. 그는 농아동은 언어적 교신이 일반아동이 경험하는 언어적 양에 비해 현저히 적다는 것을 지적했다.

농아동은 다른 아동들이 청각으로 받아들이는 것을 시각으로 처리하지 않으면 안 된다. 눈은 귀보다 정보의 순간적 통합이 더디므로,

독화가 거의 완벽하다 할지라도 실제로는 일상적 대화나 연설은 대단히 빠르기 때문에 독화를 통해서는 극히 일부분만이 제대로 이해될 뿐이다(p.321).

버논(Vernon, 1974)은 구화 일변도로 지도된 언어습득 이전의 농아동은 "그들이 이미 익혀 온 언어기술을 전제로 한 과정을 통해 언어를 학습하도록 기대된다"고 지적했다. 콘라드(Conrad, 1979)는 그 자신의 연구결과에 따라 다음과 같은 결론에 도달하고 있다.

　　　언어습득 이전에 농이된 아동에게 독화는 언어이해를 위한 적절한 방안이 되기 어렵다. 음소, 음절, 단어 등의 수준에서 시각적 식별의 곤란성은 불가피 하기 때문에, 쉽게 극복될 수 없다. 우리는 영어의 입술 읽기가 모국어 학습을 위한 주요 도구가 될 수 있다는 주장에 극히 회의를 표하지 않을 수 없다(p.203).

구화 교육의 결과에 대한 평가(제1장에서 언급된)에 의하면, 언어발달의 기초로서 독화의 제약성이 지적되고 있으며(제3장에서 논의된), 독화의 지각적 매개에 대한 연구들은 왜 독화가 그러한 제약성을 가지는가를 해명해 주고 있다. 말의 시각적 패턴은 청각적 패턴에 비해 불완전한 것이기 때문에, 독화는 영어의 문체를 제대로 재현하지 못한다. 그러므로 독화는 영어습득의 한 수단으로 청각에 대치될 수 없는 것이다. 우리의 발달적 개념 모델에서, 독화 기능의 훈련을 위한 형식적 노력은 발달의 다음 단계로 유보되고 있다.

수 화

수화는 그것의 습득과 언어학적 도구 등에 있어 일차적 언어능력 획득을 위한 한 매체로서 조기의 활용가치가 인정되고 있다. 농부모

를 가진 농아동의 연구들(제5장에서)에서 언급된 바와 같이, 가정에
서 미국수화(ASL)로 훈련된 농아동에게 수화 획득과 일반아동의 정
상적 구어 획득과 일치하는 면을 나타내고 있음이 밝혀졌다.

농어머니와 정상청력의 아버지를 가진 한 농아동이 어릴 때에 미
국수화와 구어영어로 동시에 양육되었을 때, 그 아동의 언어발달을
추적한 흥미 있는 연구가 프린즈(Prinz) 등(1979)에 의해 수행되었다.
첫 사인은 7개월에 나타났으나, 초어(first word)는 12개월이 되어
나타났다. 21개월에 이르기까지 그 아동은 관찰된 상황에서 구어 단
어보다 사인이 평균 43%나 더 많이 표현되었다. 어린 농아이는 마치
일반아동들의 구어습득과 유사한 단계에서, 그 자신 스스로 임의적
제스처 시스템을 만들어낼 수 있다는 것이 관찰되었다(Schlesinger와
Meadow, 1972: Goldin-Meadow와 Feldman, 1975).

수화로 훈련된 농아동 집단에 대한 스웨덴의 한 연구에서 알렌
(Ahlgren)(Evans, 1981에서 인용)은 이들 아동들은 실제로 동년배
의 아이들이 획득한 언어능력을 앞지르고 있었다고 했다. 그녀는 이
것은 시각적 자극이 언어적·인지적 발달에 중요한 의미를 가지는
시기에 시각적 언어를 활용하게 됨으로써, 부분적으로는 수화의 사
용에 기인한 것이라는 결론에 도달하고 있다.

수화에 대한 설명(제5장)에서, 수화는 나타내고자 하는 개념이나
대상에 대한 형상, 혹은 의적 모양의 유사성에 기초하여 만들어진
것이라고 하였다. 브라운(Brown, 1977)은 수화의 이 특징은 사인을
학습하는 데 중요한 의미를 가진다고 했다. 한 실험연구에서 그는
아동에게 일련의 새로운 사인을 습득하도록 요구함에 있어, 대상과
사인이 외적으로 유사한 것과 사인의 의미에 그런 외적 단서가 없는
것을 가려서 적용해 본 결과, 비형상적 사인보다 형상성을 가진 사
인의 학습이 보다 잘 이루어지는 것을 발견하였다. 그는 일부 형상
적 사인은 확실히 쉽게 학습될 뿐만 아니라, 개념 형성의 기본적 대
상 수준(즉, 예를 들면 의자는 소파나 걸상보다 앉는 대상에 대한

더욱 기본적인 분류의 예이다)을 나타내는 단어로서 특수한 범주를 나타낸다고 주장했다. 이보다 앞서 로셔(Rosch, 1973)는 구어의 정상적 발달에서 개념화의 이 기초 수준에서 일반아동들에게 최초의 이름 붙이기 경향을 관찰하였다.

사인과 구어 양쪽을 습득한 아동에 대한 그들의 연구에서, 프린즈(Prinz) 등(1979)은 초기 사인의 일부는 대상을 지칭하는 것과 밀접히 관련되어(예를 들면, '공'같은 것) 나타난다고 했다. 나아가서 그들은 초기에 습득되는 어휘와 마찬가지로 초기의 사인들은 개념화의 기본적 대상 수준의 관점에서 일치되고 있다고 했다.

인지발달의 측면에서, 브루너(Bruner, 1964)는 지각과 이미지의 조직화(그는 이것을 '형상적'양식이라 했음)에 의해 특징 지워지는 한 단계를 기술했다. 그는 또한 발달의 초기 단계에서 구체적 사태와 행동에 있어 이 "행동으로 나타나는"(enactive) 양식은 내재화된 운동 반응에 의해 재현되는 것이라고 주장했다. 우리는 앞에서 정상아동이 목소리를 내지 않고 자기 의사를 표현하기 위해 몸짓을 사용하고 있다는 것을 지적한 바 있다. 초기 발달 단계에서 농아동이 그들이 나타내는 행위(예를 들면 '마시다')에 일치하여 내재화된 감정을 가지는 행위적 형태의 사인을 사용하는 것도 마찬가지의 원리로 생각할 수 있다. 프린즈(Prinz) 등은 초기에 관찰되는 사인 가운데 일부는 ("아이스크림"과 같은 것) 단순히 그들의 행위와 연관된 외적 모방이라기보다, 몸의 운동이나 위치에 예민성을 나타내는 자기 감수체(感受體)와 같은 특징으로 설명될 수 있다고 했다.

삐아제의 감각 운동기 단계에서는, 의미 있는 의사소통을 위한 임의적 사인의 활용에 앞서 나타나는 아이의 울음소리와 몸짓 제스처는 후속 될 음운론적 발달을 위해 필수적인 것으로 알려지고 있다. 즉, 지각을 식별해 내는 능력은 이후에 어휘 확인을 위한 전제가 된다. 농아동에게 초기에 제스처에 노출되게 하는 것은 후에 상징적 수준에서 수화를 사용하도록 하는 준비로서 기여하게 된다. 일반아동에 있어 음성언어로 이끄는 제스처 단계(Bates 등이 최초 언어라고 설명한 것)가 농아동에게는 "최초의 사인"(protosign) 단계로 인용될 수 있다. 자연적 제스처 활동의 이와 같은 기초는 언어 능력을 획득하기 위한 한 매체로서 말의 상징적 기능을 전제로 하는 사인의 체계적 활용으로 확장될 수 있다.

수화의 조기 사용 가치는 정도가 심한 농아동을 가진 부모에 대한 그들의 가이드에서 프리먼(Freeman), 카르빈(Carbin) 및 보스(Boese)(1981) 등에 의해 강력히 지지되었다. 정신의학, 심리학, 교육학 등의 학적 배경을 가진 이 저자들은 다음과 같이 주장하고 있다.

> 구화 일변도 접근은 아동이 행할 수 없는 것에 그 초점을 두고 있기 때문에 불필요하고 위험스러운 모험을 수반한다. … 확실한 교육적 접근은 아동이 해낼 수 있는 장점에 강조를 두어야 한다. 현재로서는 농아동이 구화만으로 성공적이 될 수 있다는 것을 예증할 만한 아무런 방도가 없다. 수화는 결코 아동의 좋은 음성언어를 개발하는 데 나쁜 영향을 미치는 것으로 보아지지 않기 때문에, 가능한 한 조기에 수화를 사용하는 것은 대단히 중요한 것 같다(p.87).

구 화

조기에 수화에 접한다고 해서 어린이에게 구화와 독화 환경이 배제되어야 한다는 것을 의미하지는 않는다. 오히려 수화와 구화 양쪽 모두에 긍정적 관심이 주어져야 한다. 독일의 언어학자 테르부르트(Tervoort)는 조기에 농아동에게 수화를 사용하는 것을 지지하고 있다.

농아이들에게 이후의 언어발달을 위한 기술로서, 그리고 인지발달을 위한 투입으로서 구화와 수화가 동시에 주어져야 한다는 것을 인정한다면, 사인과 어휘가 동시에 학습될 수 있는가, 혹은 청각과 시각 시스템의 과정이 일종의 신경학적 혼란을 유발하지는 않을까 하는 의문들을 불러일으키게 한다. 다행히도 이 문제에 해답을 주는 몇몇 연구결과가 있다. 볼테러(Volterra, 1979)는 어린 아이들에게 상징적 가능성의 출현은 "양식에 무관함"(modality-free)을 보고한 바 있다. 즉, 그녀는 아이들은 처음에 구어 어휘와 손짓 사인 양쪽 모두로 어휘를 다루고 있음을 관찰 할 수 있었다. 초기단계에서 단어나 사인 어느 한 쪽만으로도 각각 상이한 상황을 위해 충분했으며, 단어와 사인 양쪽 모두의 "이중개입"(double entities)은 거의 드물었다. 이것은 마치 조기에 이중 언어를 획득한 아이가 양쪽 모두를 사용하는 것보다 한쪽 언어만 사용하거나, 두 개 언어 중 어느 한 쪽에 의존하는 경향이 있는 것과 비교가 될 수 있다(Volterra와 Taeschner, 1978).

어머니가 농이고, 아버지가 정상청력인 한 일반아이에게 수화와 구어영어가 발달해 가는 언어발달 연구에서도 이같은 현상이 밝혀졌다(Prinz 등 1979). 조기에 수화를 사용한 경험이 없는 이중 언어를 가진 일반아동의 경우에도 마찬가지의 연구 결과가 나타났다. 조기에 구화와 수화가 결합되어 양육된 농아동은 경우에 따라 극히 소수의 말들에 대해서만 구화와 수화가 동시에 결합된 형태로 어휘를 사용하곤 했다. 이상에서 볼 때, 아동은 하나의 개념을 위해 사인이나 단어 둘 중 하나를 부호화한다고 할 수 있으며, 두 개 언어로부터 별개의 어휘적 통로를 가지고 하나의 의미체제가 개발된다고 하겠다.

Tervoort는 일반아동에 의한 음성과 수화 어휘 양쪽 모두의 조기 사용에 대해 언급하면서, 아동이 구어 표현 능력을 획득함으로써, 구어와 수화에 의한 양쪽 어휘들은 갈라지게 된다고 했다. 정상 청력을 가진 아동들은 사인의 모방을 통해 언어가 발달해 가는 것이 아니라, 주로 음성 어휘를 통해 언어능력을 발달시켜 간다. 볼테러(Volterra, 1979)는 이것은 음성언어 표현 양식이 보다 우월하기 때문이 아니라, 정상 청력을 가진 일반아동들에게 커뮤니케이션을 위해 상징적 제스처 체제가 계속적으로 제공되어지지 않았기 때문이라고 했다. 실로 상징적 발달에서 제스처 활동은 마치 음성활동에서와 마찬가지로, 어른들로부터 특별한 투입 없이도 자발적으로 사용되는 것이라고 그녀는 주장했다. 일반아동에 있어 음성 표현의 전환은 음성–청각양식으로 언어 커뮤니케이션을 정상적 수용으로 채택한 하나의 기능적 선택으로 평가될 수 있다. 청각장애 아동에게 보다 적합한 언어 양식을 접하도록 하기 위해 우리는 어떻게 할 수 있는가?

영국 농아동의 언어적 및 인지적 기능에 대한 한 연구에서, 콘라드(Conrad, 1979)는 농아동이 구화와 수화 양쪽의 매체를 가질 때, 그들은 청력 손실치에 직접적으로 영향을 받는 정도에 따라 "가성구어"(quasioral) 환경에서 자랄 것이라고 했다.

그렇다고 농아동들에게 당장 수화와 말하기 양쪽을 통한 지도가 포기되어야 한다는 것을 우리는 결코 제안하지 않는다. 즉, 다만 아동이 감각적 가능성간에 서로 대립적 모순이 없는 범위 안에서 가장 많은 언어적 이익을 얻을 수 있도록 유도해야 할 것이다(p.284).

구화 일변도 접근에 있어, 어떤 아동은 잔존청력의 활용을 통해 언어발달에 필요한 능력을 나타내 보일 수 있지만, 그러한 적성을 가지지 않은 아동에게는 수화를 익혀야 할 조기의 적절한 시기조차도 어쩔 수 없이 놓쳐버리게 되는 셈이다. 콘라드는 이 결정적 시기의 상실이 가지는 심각성을 지적했다.

"우리는 수화 투입을 지연하는 데에 따른 신경학적 위험은 동시에 다른 언어적 투입도 지연시키는 위험을 수반하고 있다고 가정할 수 있다"고 했다.

조기에 구화와 수화매체의 양쪽 모두가 제공된다면, 두 가지 선택에 있어 개방성이 유지된다. 만약 아동이 구어에 가능성을 보인다면 잔존청력, 독화, 말하기 등을 통한 커뮤니케이션에 강조를 두어야 할 것이다. 그러나 만약 아동이 구화 가능성에 심한 결함을 보이고 있다면, 가능한 한 구어매체와 함께 수화 커뮤니케이션을 계속적으로 지향하는 데 강조를 두는 것이 바람직하다.

교육에 있어 말하기와 수화의 동시 활용은 이것이 교수방법으로 어떻게 효과적으로 결합될 수 있는가 하는 심각한 의문을 제기하게 한다. 본스타인(Bornstein, 1979)은 수화의 문맥은 영어의 문체와 상이하기 때문에, 말하기 훈련은 수화로부터 구분되어야 하거나, 2차 언어 학습과제로서(이후 단계에서) 처치되어야 한다고 했다. 그러나 조기 단계에서 말하기에 대한 관심이 보류될 수 없는 것이라면, 교수 방법론은 구화지도와 함께 수화 개발을 조정하지 않으면 안 된다. 리버사이드에 있는 캘리포니아 농학교에서 브릴(Brill)과 파혜(Fahey)(1971)에 의한 실험 프로그램은 조기에 수화와 구화의 결합된 사용의 가치성을 입증해 주었다. 취학 전 단계 아이들은 일년 동안 350개 개념을 사인을 통해 학습했다. 동시에 구화훈련이 또한 강조되었다. 이해 가능한 구화에 의한 어휘 수가 개개 아동에 있어 40에서 50개 정도였다. 독화를 통해 인지될 수 있는 어휘 수는 60에서 100 정도의 범위에 있었다. 브릴과 파혜는 "수화는 자연적으로 습득되며, 그것은 훌륭한 구어 어휘를 확립하기 위한 주요한 기초로서 활용될 수 있다. 사인의 사용이 아동에게 독화를 지도하는 데 도움이 된다는 것을 발견하였다"(p.19)고 주장하고 있다.

학교에서 토털 커뮤니케이션 실제에 대한 관찰(제2장에서 언급된)에 의하면, 구화가 수화와 밀접히 상호 작용하는 가운데 지도되고 있음을 잘 보고해 주고 있다. 예를 들면, 갈러뎃 대학의 켄덜 시범(Kendall Demonstration) 초등 농학교에서 말하기 지도는 멕길(McGill) 대학에서 다니엘 링(Deniel Ling, 1976) 박사가 개발한 원리에 의해 이루어지고 있다. 링 박사의 접근은 일반아동의 자연적 과정에 모형을 두고 있으며, 실제의 체계적 훈련은 구어 단어들을 사용하기에 앞서 말소리의 조음이-고저, 강약 및 리듬에 의한 다양한 결합을 가지고-먼저 주어진다. 이같은 지도과정에서 수화는 실제적 설명을 위한 한 수단으로 사용되고 있어, 구화 훈련에 우선이 주어지고 있으나, 수화를 통해 더욱 완벽한 구어능력을 신장하고 있다. 이같은 기법이 토털 커뮤니케이션 접근에서 적용되고 있다.

지 화

일반아동의 정상적 발달에 있어, 문자언어는 음성언어가 확립된 연후에 학습된다. 농의 정도가 심한 아동에 있어, 문자 언어는 약간의 기초적 언어능력이 수화 혹은 수화와 구화로 습득된 이후에 도달될 수 있다. 그러나 반드시 다 그런 것이 아니고, 만약 지화가 효과적으로 사용될 수 있다면, 가능한 한 조기에 개발될 필요가 있다. 그렇다면 아동에게 읽기 능력이 다소 확립된 연후에 제3의 부호로서 지화가 가르쳐져야 하는가? 지화와 읽기 등 두 가지 매체가 동시에 사용되어야 하며, 심지어 지문자지도가 형식적 읽기 지도에 선행해야 한다는 관점을 지지하는 몇몇 연구가 있다.

미국을 비롯한 국제 지문자의 대부분 형태는 미국수화(ASL)의 손모양과 같다. 미국수화에서 최초로 이루어진 손모양은 또한 지문자모양(즉 A, S, C, B, O, 및 G)이기도 하다. 우드워드(Woodward, 1978)에 의하면, 이들 손 모양은 다른 수화로 폭넓게 활용되고 있다고 한다. 수화를 습득한 어린 아이는 적어도 얼마간의 지문자 형태를 사용하게 될 것이며, 이 과정은 더욱 형식적인 지화 표현을 위한 준비태로서 기여하게 될 것이다. 글자 모양을 따라 읽는 것과는 달리, 지화는 다른 언어 매체와 조기에 상호 작용하는 보다 큰 가능성을 지닌 하나의 "살아 있는"매체이다.

형상성의 시각적 자질과 공간적 문법에 기반을 두고, 내적 언어능력을 증진시키기 위해 조기에 수화 혹은 수화 어휘를 사용케 하는 경우가 있다.

하지만 영어가 사회적 교육적 필요를 위한 표적 언어가 되고 있다면, 우리는 수화를 영어로 전환시키는 문제에 대해 생각해 봐야 한다. 영어의 사인화(Signing English)에 관련된 문제들(제5장에서 언급된)은 바로 이 문제에 대한 해답을 제공해 준다. 미국에서 세 개의 기본적 영어 수화-즉, Signing Exact English, Signed English,

Seeing Essential English-가 취학 전 수준에서부터 토털 커뮤니케이션 프로그램에서 모두들 구체적으로 사용되어 왔다(Jordan 등 1979).

지화는 특히 기능 단어들의 재현으로 영어 통사에로의 전환에 기여할 수 있다. 우리들은 의미론적 정보를 수반하는 음성언어의 내용 단어들을 전달하기 위해 사인의 가능성을 논의한 바 있다. 어린 농아동에게 내용 단어에 해당되는 사인의 의미를 조기에 확립시키는 일은 상대적으로 용이할 것이다. 브릴(Brill)과 파헤(Fahey, 1971)에 의한 취학 전 아동의 조기 수화에 대한 관찰은 이 점을 잘 지적해 주고 있다. 지도 첫 해에 영어 단어에 해당되는 개념으로 276개 명사, 35개 동사, 32개 형용사, 5개 전치사와 6개의 의문사로 된 사인의 단어를 습득했다(p.18).

정상적 언어학습에 의하면, "명칭 붙임"(naming)에 대한 기본적 기능이 조기에 학습된 경우 새로운 단어들은 불명확하게 습득된다(Gleason, 1961: Lenneberg, 1967). 그러나 코클리(Cokely, 1979)는 농아동에게 가장 주요한 요구는 통사적 능력을 습득하는 것이라고 했다. 일반적으로 음성언어를 통해 통사적 능력을 습득하는 데 결정적 시기가 있다고 믿어지고 있다(Lenneberg, 1967: Chomsky, 1969: Brown, 1973). 영어 통사의 손짓 재현을 위해서도 이와 유사한 주장을 가정한다면, 통사 구성을 위해 중요한 기능단어 능력을 습득할 필요가 있다.

음성언어 학습에 있어, 일반아동은 최고 사용빈도를 가지는 기능단어를 가장 먼저 사용하는 경향이 있다(Brown, 1973). 그러나 이들 단어들은 청각환경에서 자연적으로 나타나게 되어 있다. 농아동에게 시각적 환경을 구성해 주고자 할 때, 우리는 적절한 어휘들을 잘 정선할 필요가 있다. 다행히도 적합한 정보가 오래 전부터 활용되어 왔다. 듀이(Dewey, 1923)는 다양한 자료들-미국신문, 잡지, 광고, 담화, 픽션, 개인 및 기업 간의 통신문, 과학지 등-에 나타난 어휘 사용빈도에 대한 광범위한 연구를 수행한 바 있다. 듀이는 이

연구에서 광범위한 표집으로 모아진 어휘들의 평균 사용빈도를 측정 해낼 수 있었다. "겨울", "내일" 등과 같이 아주 친숙한 어휘들은 겨우 1만 단어에 불과했으며, 가장 많이 쓰이는 스무 개의 단어들이 전체 단어의 3분의 1보다 더 많이 사용되고 있었다. 열 개의 가장 공통적 단어가 전체 사용 빈도 가운데 27%를 헤아렸으며, 이들은 모두 기능적 단어(즉, the, of, and, to, a, in, that, it, is, I 등)였다.

이들 단어를 사용하는 능력이 정상적으로는 아동에게 읽기가 습득 되기 전에 조기에 획득된다. 하나의 생생한 매체로서의 지화는 조기 단계에서 농아동에게 기능단어들을 표현토록 하기 위해 적합한 것이 될 수 있다. 아마 이들 짧은 단어들은 그들의 철자에 관계없이 '사인'으로 습득될 수 있다. 이들 단어들의 글자 형태(hographic)를 학습하는 것은 쓰여진 단어로부터 지문자를 학습한다기보다, 지문자로부터 잘 수반될 수 있다. 매리랜드 농학교와 햄프톤의 버지니아농학교에서 교사들은 어린아이들이 직접적으로 의미에 기초하여 지문자로된 '사인'을 습득하고, 그 후에 단어의 문자형태를 습득하는 것을 볼 수 있었다(Evans).

읽기와 쓰기

실제로 문자 언어는 조기에 지도되는 것이 바람직하고, 우리는 초기의 사인 능력으로부터 영어 수행에로의 전환에 의해 지문자와 읽기 간의 밀접한 상호작용을 기대할 수 있다. 기능 단어에 대한 조기의 지문자 계획은 어휘를 읽는 것과 잘 조정될 필요가 있다. 영국에서 읽기 계획과 함께 조기에 지문자를 활용한 적이 있다. 이 계획은 "핵심 단어"(key words)의 개념에 기초하여, 영어단어 가운데 가장 많이 사용되는 소수단어로 시작했다. 이 계획의 초기 단계에서 일반적으로 사용되는 단어 가운데 4분의 3을 차지하는 것이 단지 300개의 핵심 단어의 사용이었다(일반적으로 사용되는 평균 단어 수는 약 20,000단어임). 12개의 가장 공통적 핵심 단어가 전체 사용어휘 가운데 4분의 1로 나타나고 있다.

여기서 우리의 관심은 일반아동 경우보다 농아동에게 더 빨리 문자언어를 도입하는 것이다. 레네버그(Lenneberg, 1967)는 농아동의 문자언어 발달을 검토한 후에, 조기에 문자로 제시되는 언어 자료를 농아동에게 경험시키는 것을 강력히 지지하고 있다.

그는 또한 "초기의 언어 표현과 문법적 편차"에 대해 교사들이 이를 수용해 주고, 언어의 기본적 숙달이 제대로 확립되기 전까지는 문법적 상위언어(metalanguage)를 배제하는 것을 지지했다(p.324). 이로써 레네버그는 문법적 완벽성을 기대하기에 앞서 아동 자신의 자발적 언어표현을 격려해 줄 것을 권고하는 한편, 발달되고 있는 언어의 문법에 의거하여 어떤 형식적 틀을 미리 강조하는 것은 되려 언어발달에 방해가 된다는 것을 환기시켜 주고 있다.

코클리(Cokely, 1980)는 사인-영어에서 어휘와 통사발달의 문제를 분석한 연구에서 위의 입장을 지지하는 결론을 얻었다. 그는 "언어의 기능화에 필수가 되는 영어 통사의 요소들만을 다루어 주는 한편, 필요한 사인에 대해 세심한 강조와 더불어 어휘목록(lexicon)에 대해 의미론적 접근을 하는 것은 언어학적으로 하나의 건전한 접근이 될 것"이라고 제안했다(p.28).

라이머(Reimer, 1979)는 농아동에게 언어발달을 도모하는 데 관련된 아주 실제적 자료들을 통해(사인으로 된 영어 체제의 활용을 통해), 나이 어린 농아동은 정상청력을 가진 아이들이 하지 못하는 때에 서둘러 완전한 문장으로 말과 사인을 하도록 강요되어서는 결코 안 된다고 주장하고 있다. 우리는 농아동을 위한 언어지도를 실시함에 있어 일반아동의 언어발달에 더욱 밀착하여 실시하지 않으면 안 된다.

발달의 조기 단계에서 영어의 통사적 적합성에 기초를 두고 있는 사인-영어를 익히도록 하는 것이 바람직하기도 하지만, 이 지도 과정에서 적절한 때를 잡아 문자언어로 된 영어의 통사적 재현을 보다 정확히 나타내도록 하는 것이 중요하다. 지문자는 이러한 전환 과정에서 특수한 가능성을 지니고 있다. 하나의 살아 있는 매체가 되기 위해 지문자는 수화와 상호 관련될 필요가 있으며, 문자언어를 정확히 재현할 수 있어야 한다. 원래 사인으로 습득된 내용 단어들은 지문자로 된 형태로 재학습될 수 있으며, 이것은 문자언어의 학습 계열을 강화할 것이다.

문자언어가 발달해감에 따라, 또 다른 방향으로 하나의 영향이 기대될 수 있다. 영어단어의 첫 글자에 해당하는 사인의 손 모양을 지문자로 나타냄으로써, 개념적 사인을 위해 보다 특수한 의미를 줄 수 있으며, 이를 통해 문자언어로부터 수화에로의 송환이 이루어질 수 있다.

독 화

지금까지의 연구결과에 의하면, 언어 커뮤니케이션의 한 매체로서 독화는 기초적 언어수행 능력이 성숙된 연후에 가능하다고 본다. 선행연구들에 의하면, 독화 능력은 기존의 언어지식의 수준에 의존하고 있음이 밝혀지고 있다(Pauls, 1960: Craig, 1964: Myklebust, 1964: Evans, 1965: Berger, 1972).

정상적 청지각을 통해 음성언어의 압축된 정보를 획득하는 것은 언어배열에 대한 예측을 통해 인식될 수 있다(Shannon, 1948: Denes와 Pinson, 1963: Fry, 1964). 마찬가지로 독화에서도 언어의 문맥적 전후 관계를 통한 지식이 활용되고 있다. 스미스(Smith, 1978)는 읽기 과정에 대한 그의 분석에서, 적절한 언어지식이 읽기를 위한 필수적 정보의 일부이긴 하지만, 그것은 우리가 활자로 된 지면 위에서 찾아낼 수 있는 정보라기보다, 오히려 이미 우리가 가지고 있어야 할 정보라는 것이다.

말의 시각적 지각에 대한 측면에서 볼 때, 성공적 독화는 단지 입술에 보여지는 것에 의하는 것이 아니라, 의미를 전달하는 언어지식에 의해 결정된다. 수화, 지화, 읽기, 쓰기 등을 통해 습득된 언어지식은 독화를 위해 보다 좋은 조건을 만들어 줄 것이다. 때문에 독화 훈련은 완전히 새로운 기술을 지도 개발하는 것이 아니라, 기존의 언어 체제를 보다 강화하기 위한 것이다.

이중 언어의 선택

농아동이 수화, 지화, 구어, 문자언어로 언어기능을 획득할 수 있다고 한다면, 이들 매체들은(적어도 영어에 관한 한) 토털 커뮤니케이션의 언어학적 중핵을 구성하고 있다. 그러나 토털 커뮤니케이션 개념은 보다 폭넓은 것이고, 수화에 충분한 가치를 인정해주고, 농자들에 의한 수화의 사회적·문화적 사용에 대단히 중요성을 부여하고 있다. 농학교에서는 수화 지도를 체계적으로 조기에 실시하지 않기 때문에, 대부분의 미국 성인 농자들은 학교에서 형식적 교육 기회를 통하지 않고, 독자적으로 수화지식을 획득한 것을 우리는 잘 알고 있다. 만약 토털 커뮤니케이션 철학이 농자를 위한 최종의 선택을 지지하는 것이라면, 그 방법론은 하나의 선택을 위한 범주를 마련해줘야 한다. 어쩌면 이중 언어 상황은 영어와 수화에서도 적용될 수 있다.

영어의 사인화는 조기에 제스처 단계를 체계적으로 확장한 후에 영어의 잠정적 통사에 의해 수화 사인의 어휘 목록을 지문자의 활용과 함께 확립해 감으로써 발달될 수 있다. 이와 꼭 같은 자원에 따라, 수화의 발달은 수화의 공간적 통사에 의해 조기에 획득된 수화 어휘목록을 일관되게 축적해 감으로써 촉진될 수 있다. 구어발달을 위해 하나의 대안적 선택을 유지할 필요가 있다는 것을 논의하면서, 구화와 영어의 손짓 매체에 대한 복합양식의 선택을 논의한 바 있다. 마찬가지로 수화발달을 위한 하나의 선택을 고려할 경우에도, 영어와 수화에 대한 이중 언어 상황이 구체적으로 논의될 수 있다.

조기에 시각적으로 제시되는 양식에 의존해 온 나머지 청각으로 부호화된 언어를 수용해 본 경험이 없는 농아동의 경우, 일차적 언어 수행능력을 위한 매체는 수화가 될 것이다. 조기에 수화로 양육된 경우, 수화 그 자체가 그 아이의 자연적 모국어가 되는 것이다. 이 경우 영어는 2차 언어로서 이후에 전위될 것이다.

언어학습이 지체된 경우, 중요한 성숙단계를 놓쳐 버린 채 언어획득의 가능성이 치명적으로 상실될 수 있다는 문제점이 지적되어 왔다. 만약 수화가 언어의 기본적 준거를—일관된 외적 의사소통과 내적 상징화의 가능성—만족할 수 있다고 인정한다면, 당연히 수화는 후속 언어학습을 위해 필요한 신경학적 조직을 촉진하는 데 기여할 수 있다고 가정할 수 있다. 레네버그(1967)가 지적한대로, 그러한 대뇌조직이 일어날 때에 비로소 이차 언어학습이 제대로 발생할 수 있다.

발달적 모델

토털 커뮤니케이션 철학의 목적과 관련하여, 농아동을 위한 언어발달 모델은 상이한 커뮤니케이션 매체를 위해 적합한 발달 순서에 대한 이론적 이해를 돕겠지만, 실제 교수 방법으로 이 전략을 적용하기 위해서는 고려해야 할 몇 가지 과제가 남아있다. 이에 관련된 문제는 마지막 장에서 논의될 것이다.

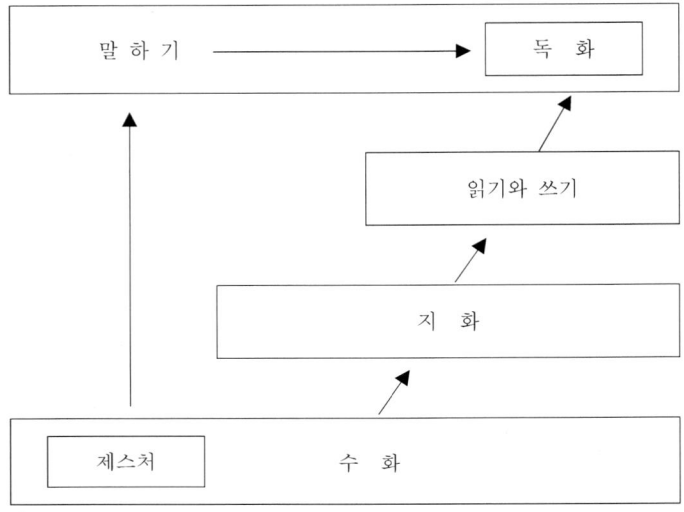

제8장 적 용

청각만으로 말을 이해하기가 곤란한 농자에게 언어적 의사소통을 위한 매체의 적절한 결합은 독화와 보청효과, 지화, 수화, 필화, 사인으로 된 영어의 한 형태인 사인-영어 등으로부터 개인의 독특한 요구와 상황의 변화에 따라 적용될 수 있다. 이것을 우리는 토털 커뮤니케이션의 구조라고 했다.

한 아동이 언어적 의사소통을 위해 이들 매체를 사용할 수 있기에 앞서, 먼저 상이한 매체에 대한 언어 수행 능력을 획득할 필요가 있다는 것을 앞에서 논의한 바 있다. 이들 언어 매체의 개발을 위한 적절한 순서 지음의 이론적 모델을 토털 커뮤니케이션의 전략이라고 했다. 이제 실천적 장면으로 이 이론의 적용이 고려될 것이다. 앞 장의 아이디어들이 교수방법을 위한 실천적 문제로서 요약된 다음, 그 실천적 적용 성과가 논의될 것이다.

교수 방법론

학교에서 직접 관찰된 정보와 더불어, 연구결과들의 해설로부터 얻어진 정보에 따라, 다음의 몇 가지를 제안한다.

1. 내적 언어 수행능력의 획득을 돕고, 인지발달을 촉진하기 위해 가능한 한 조기에 수화로 지도되어야 한다. 자연적 제스처 단계에서는 표출적 행위로 나타내는 류의 제스처와 형상적 사인에 기초를 둔

기본적 사인 어휘목록이 강화되어야 한다. 이 단계는 수화발달의 한 기초로서 상징적 사인과 공간적 통사의 보다 많은 활용으로 확장되어가야 한다. 동시에 잔존청력의 도움과 시각적 수용을 통해 장차 동시적 의사소통을 할 수 있는 긍정적 전제로서뿐만 아니라, 좋은 구화 의사소통 능력을 길러주는 하나의 선택으로서 말하기가 지도되어야 한다. 구어조음의 조기확립은 말하기 훈련의 지도를 위한 하나의 매체로서 수화능력에 의해 도움 받을 수도 있다.

2. 영어에 대한 표적 언어의 한 전위로서 영어 단어를 나타내기 위해 사인을 활용할 수 있다. 이 과정은 내용 언어에 대한 사인과 기능 단어에 대한 지문자 사인과의 밀접한 상호작용을 통해 증진될 수 있다. 현장 학교에서의 관찰에 의하면, 이 단계는 3세경에 이룩될 수 있다고 한다.

3. 지문자의 보다 완벽한 활용을 위해 영어 문장의 완벽한 재현을 위한 전위를 촉진해야 한다. 이것은 읽기 및 쓰기 학습과 밀접히 결합되어 촉진되어야 한다. 문자언어와 지문자에 대한 지식으로부터, 준비화의 과정을 거쳐 수화로 영어의 어휘를 재현시키기 위한 송환이 이루어져야 한다.

4. 영어수행 능력이 향상됨에 따라 전후 관계의 단서를 활용하여 독화를 위한 보다 확실한 기초를 확립해야 한다. 토털 커뮤니케이션 철학에서는 상이한 적성과 능력에 따라 가장 적절한 매체를 제공하기 위해 개인의 요구에 민감히 대응해 나가고 있다. 출생 이래 심한 농을 수반한 아동들에게는 일반아동의 정상적 발달에 비해 보다 복잡한 언어행태가 고려되어야 할 것이다. 즉, 자연적 제스처, 손짓 영어의 형태 혹은 수화와 지화를 활용한 사인-영어, 구화와 독화, 수화와 지화에 의한 동시 커뮤니케이션을 통해, 혹은 읽기와 쓰기를 통해 지도되어야 한다. 우리가 토털 커뮤니케이션을 적용하고자 할 때, 언어형태의 적절한 결합과 그들의 발달상의 적절한 순서-즉, 토털 커뮤니케이션의 구조와 전략을 충분히 검토해 볼 필요가 있다.

도 28은 그 구조와 전략을 제시하고 있다.

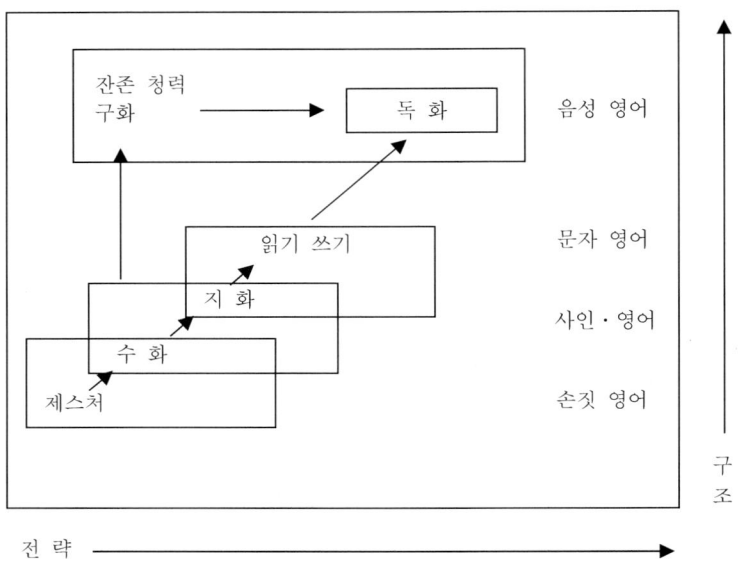

도 28. 토털 커뮤니케이션 : 구조와 전략

실제 적용

이 토털 커뮤니케이션 접근이 개인 아동이나 각 학교에서, 그리고 사회적 및 교육적 활용에 있어 그 성패 여부는 교육현장의 실천적 제약성에 의해 거의 결정될 것이다. 우리의 이론적 아이디어를 실천적 장면으로 도입하기 위해, 우리는 부모, 교사, 행정가, 농자들에게 그것의 적용에 따라 일어날 수 있는 주요 문제점들을 고려하지 않으면 안 된다.

부가적 장애를 가진 아동

지금까지 언어발달에 대한 논의는 부가적인 장애를 가지지 않은 농 아동에게 주로 관심이 주어져 왔다. 그러나 프리먼(Freeman, 1981)은 청각장애 아동 중 20−40%의 아동들은 부가적 장애를 수반하고 있다 고 했다. 특히 모체에 감염된 풍진에 기인해서 농이된 아동들 가운데 약 3분의 1은 시각적 문제를 수반하고 있다고 한다(Pollard와 Neumaier, 1974). 신체적, 감각적, 지적인 측면 중 어느 것이든 부가 적 장애는 커뮤니케이션 과정에 많은 영향을 미친다. 예를 들면, 뇌성 마비에 의한 운동장애는 사인의 표현을 어렵게 할 수 있으며, 특히 지 문자의 정밀한 표현은 더욱 곤란하다. 심한 시각결함은 독화를 통한 구화 이해에 방해를 주며, 지화와 수화를 이해하는 데 곤란성을 야기 한다. 이와 같은 부가적 장애조건은 대단히 다양하고 복잡한 것이어 서 단순한 일반화가 불가능하며, 개인의 조건에 따라 상이한 언어 매 체가 강조되어야 한다.

이들 농중복 장애아동들을 위해서는 커뮤니케이션 기법의 일부 수 정, 대치, 부가 조건들이 고려되어야 할 것이다. 예를 들면, 진행성 시 각장애를 수반한 선천성 농에 대해 히크스(Hicks)와 히크스(Hicks) (1981)는 토털 커뮤니케이션의 관점에서 다음과 같이 기술하고 있다.

> 이들 아동들의 중추신경 계통은 정상이지만 시각에 심한 제약을 가 지고 있으므로, 일반적인 수화 방법을 수정할 필요가 있다. 수화의 세 가지 기본 요소−즉, 위치, 이동, 모양−에 유의하면서, 이동의 크기는 줄이는 반면, 각 사인의 지속성을 늘려야 하며, 각 사인의 모양은 보다 명백하고 정확히 이루어져야 한다. 시각 영역에 제약성을 가지고 있으 므로, 촉화법에 의한 다른 커뮤니케이션 방법이 고려되어야 할 것이다 (p.428).

뉴욕 버팔로의 세인트 매리(St. Mary) 농학교에서 자폐증 농아동들에게 적용한 흥미 있는 기법이 있다(Young)[13]. 이들 아동은 수화를 이해하고 받아들이는 데는 문제가 없으나, 그들 스스로 사인을 표현하는 데는 곤란을 가지고 있었다. 이들 아동은 교사가 아동의 몸에다가 사인을 만들어 보이거나, 사인의 모양과 같이 아동의 손으로 나타내 보이게 함으로써 많은 효과를 얻을 수 있었다고 한다. 이것은 아동에게 수화의 표현행동을 자극함으로써, 사인의 "내재화"에 대한 효과를 경험케 하는 것 같다.

토털 커뮤니케이션 접근에서는 개개 아동의 잔존능력에 가장 잘 대응하는 매체를 발견하거나 그 매체의 수정 가능성을 존중하고 있다. 임상관찰에 의하면, 토털 커뮤니케이션은 확실히 부가적 장애를 가진 아동의 요구에 적합하다는 것이 확인되고 있다. 브릴(Brill)과 파헤(Fahey, 1971)는 구화와 수화 커뮤니케이션의 결합에 대한 한 실험 연구에서, 그 프로그램에 참여하고 있는 취학 전 아동의 대부분이 모체로부터 감염된 풍진에 기인하고 있었다는 것은 주목할 만하다. 영국의 한 연구에서도 이같은 경향이 뚜렷이 나타나고 있었다.

고등 교육

토털 커뮤니케이션에 대한 요구가 고등 교육의 단계에서는 더욱 증대되는 것 같다. 왜냐하면, 고등교육 단계에서 구화와 수화의 결합 혹은 동시 커뮤니케이션이 광범위하게 활용되고 있기 때문이다. 미국은 농학생을 위한 고등교육 프로그램이 잘 정비가 되어 있다. 1980년까지 갈러뎃(Gallaudet) 대학과 로체스터 기술 연구소에 있는 전국 농자 기술 연구소(National Technical Institute for the Deaf) 등 연방 정부에서 지원하는 국립 프로그램이 두 개가 있으며, 농학

---

13) Young, Sr. L. St. Mary's School for the Deaf, Buffalo, New York. Personal communication, 1981.

생을 위한 대학원 프로그램과 함께, 연방 정부에서 설립한 지역 프로그램이 네 개 있다(Rawlings, Trybus, 및 Biser, 1981). 일반적으로 이들 대학과 프로그램들은 구화와 수화 커뮤니케이션의 양쪽을 통해서 지도하거나, 동시 커뮤니케이션을 활용하고 있다.

대학에서 농학생을 위한 특별 프로그램은 다른 나라에서도 개발되어 왔다. 캐나다 대학들 가운데 다섯 개 프로그램이 있으며, 영국에서는 두르함(Durham) 대학교와 다른 고등교육 기관에서 농학생을 지도하기 위한 특별 서비스를 마련하였고, 덴마크에서는 국립 계속 교육 학교가 있다. 토털 커뮤니케이션을 지지하는 관점에서 볼 때, 특별 프로그램의 개발에 따른 필수적 요건은 수화통역 서비스, 직원들에게 수화를 훈련하는 특별학급 등(동시 커뮤니케이션으로 직접 지도하는 것과 더불어)을 포함한다.

부 모

농아동에게 조기에 수화를 지도하는 것과 농아동을 가진 모든 부모들에게 유창하게 수화를 할 것을 기대하는 것과는 아주 다른 문제이다. 수화를 사용하는 농부모에 의해 양육된 농아동이 가지는 언어적 이점은 여러 연구들에서 밝혀졌다. 미국에 있어 대개 90% 이상의 농아동은 구어로 일차적 언어를 사용하는 일반 부모 밑에서 자라고 있다(Rawlings, 1973).

프리먼(Freeman, 1981)은 일반 부모들은 결정적 시기에 그들 자녀인 농아동과 의사소통을 할 수 있는 형식적 수화를 습득하기가 어렵다고 했다. 이들 부모들은 영어를 수화로 끼워 맞추는 데에 다소 익숙하게 되지만, 부모들 가운데는 사인으로 된 영어를 표현하는 데 조차도 서투른 경우가 많다. 본스타인(Bornstein, 1979)은 사인 시스템은 집에서 아동과 함께 그것이 시시각각으로 사용되는 동안에 가족 성원들에 의해 습득되지 않으면 안 된다고 강조했다. 그러나 이것은 실제로 그리 쉬운 일은 아니다. 그는 사인으로 된 영어(Signed English)를 습득하는 것이 가족간의 막대한 열성과 시간적 할애를 요청하는 것이라고 했다. 그는 토털 커뮤니케이션을 적용하는 학교의 부모들에게 이에 대한 연수 프로그램을 제공하고 6개월 후에 각 가정을 방문해 본 결과, 어머니들 가운데 50% 정도만이 사인으로 된 영어로 간단한 문장을 활용할 수 있었고, 다른 40%는 단어들을 사인으로 나타낼 수 있었고, 아버지들 가운데는 약 반수 정도만이 사인을 할 수 있었다고 보고하고 있다.

처음부터 수화에 능숙하게 될 수는 없다. 처음에는 아동도 몇 개의 사인 단어를 사용하게 된다. 학교에서 아동의 활동과 부모에 대한 지도간에 밀접한 협력이 유지된다면, 부모들이 사인을 체계적으로 잘 익혀갈 수 있을 것이다.

브릴(Brill)과 파헤(Fahey, 1971)가 캘리포니아 농학교에서 실시한 연구에 의하면, 구화와 지문자와 더불어 수화로 지도되는 취학 전 아동의 부모들에게 매주 그들의 아동과 함께 같은 학급 장면에 참여하도록 하였다. 부모들에게 그들의 아동에 의해서 습득된 새로운 사인들이 지도되었는데, 그 결과 그들은 학교에서 지도 받은 사인을 집에서 사용할 수 있게 되었다. 아동들은 대개 매주 열 개에서 스무 개 정도의 새로운 사인을 습득했는데, 부모들에게도 대개 이 정도의 사인 습득이 이루어졌다고 한다.

교사들

정상 청력을 가진 부모들이 농아동을 가지게 될 때, 일반적으로 그들은 수화 커뮤니케이션에 대한 사전 지식을 가지지 않는다. 한편, 농아동의 교사들은 그들의 업무를 수행하기 위해 이미 수화와 지화에 익숙해 있을 것으로 기대되고 있다. 특히 나이 어린 농아동의 교사일수록 수화와 사인-영어에 능숙하도록 철저히 양성될 필요가 있다. 농아동의 교사를 양성하기 위한 전문교육에서 수화에 대한 이론적 이해와 실제적 지도가 적절히 수행되어야 한다.

토털 커뮤니케이션을 농학교 현장에 적용하고 있는 일부 나라들에서는 교사훈련 과정에 수화훈련 코스를 포함하고 있으나, 수화 커뮤니케이션 기술에 필요한 실제적 지도가 잘 되고 있지 못하다. 영국의 경우 학사과정에서 일반학교 교사로서 훈련을 받은 사람에게 농아동의 교육을 위한 1년제의 전문화된 과정을 운영하고 있는데, 이 1년제의 특수교육훈련 기간 동안에 수화 기술을 잘 습득하기에는 시간이 너무 짧다.

교사훈련 과정에 있어 변화들은 교사들의 커뮤니케이션 기술의 개발에 영향을 미치고 있다. 일부 나라들에서는 현직 연수훈련 과정에서 단기 연수 과정으로 수화훈련이 이루어지고 있다. 필라델피아에 있는 펜실베이니아 농학교는 갤러뎃(Gallaudet) 대학과 협력하여 교직원들에게 수화에 대한 특별 훈련 프로그램을 실시한 바 있다. 일 년만에 이들 교직원들은 수화 커뮤니케이션 기술에 현저한 진전을 보였다. 구화법에서 토털 커뮤니케이션 접근으로 전향한 매리랜드에 있는 카르버(Carver) 농학교 교직원들도 위와 같은 특별 훈련 프로그램에 참여한 결과, 일년 동안 수화와 지화에 퍽 능숙하게 되었다.

덴마크의 코펜하겐에 있는 토털 커뮤니케이션 센터는 현직 훈련에 지대한 기여를 하고 있다. 여기서는 교사들과 부모들에게 덴마크 수화와 사인으로 된 덴마크어로 효과적인 연수교육을 실시하고 있다(Hansen, 1980).

교육 현장에서 토털 커뮤니케이션이 보급됨에 따라, 학교에서 교원들의 역할에 있어 농자의 지위가 강화되고 있다. 농학생들은 이미 수화 커뮤니케이션에 익숙해 있는 교사와 보다 가까워지게 될 것이지만, 이들 농교사들은 일반 교사들이 수화에 능숙하게 되어야 하는 것과 마찬가지로 영어에 능숙해야 한다.

전문적 협력

구화와 수화 커뮤니케이션 기술은 모든 아동의 모든 교사에게 요구되는 기법이지만, 이것의 실현을 위해서는 상이한 배경을 가진 교육 행정가들의 지원을 필요로 한다. 그래서 농아동에 있어 언어발달에 관한 전체 문제는 아주 복잡하며, 그것에 대한 이해는 교육에 대한 기초 위에 여러 분야의 학문들―즉, 청각학, 언어과학, 심리학, 언어학 등―로부터 도출될 수 있다. 농아동의 교육 성과는 여러 전문가들간―일부의 이론적 전문가, 일부의 능숙한 실천가: 일부 농자, 일부 건청자: 손짓 의사소통에 능숙한 자와 그렇지 않은 자들 등의 협력을 필요로 한다. 하나의 공정한 철학으로서 토털 커뮤니케이션의 장점은 이러한 인접 분야간의 협력을 통해서 가장 잘 진전될 것이다.

인용문헌과 논문

Albright, M. A. Ear, eye or both. *Volta Review,* 1944, 46, 11–13.

American Asylum for the Education and Instruction of Deaf and Dumb Persons. *Third Annual Report of the Directors.* Hartford, Connecticut: American Asylum, 1819.

Anderson, L. B. Sign language number systems and the numerical alphabet. In B. Frokjaer-Jensen(Ed.), *The Sciences of Deaf Signing.* Copenhagen: Audiologopedic Research Group, University of Copenhagen, 1980.

Anglin, L. *Word, Object and Concept Development.* New York: Norton, 1977.

Anthony, D. *Seeing Essential English.* Anaheim, California: Educational Services Division, Anaheim Union High School District, 1971.

Baker, C. How does Sim-Com fit into a bilingual approach to education? Paper presented at the Second National Symposium on Sign Language Research and Teaching, San Diego, 1978.

Baker, C., & Padden, C. A. Focusing on the nonmanual components of American Sign Language. In P. Siple(Ed.), *Understanding Language Through Sign Language Research.* New York: Academic Press, 1978.

Bates, E., Camaioni, L., & Volterra, V. The acquisition of performatives prior to speech. *Merrill-Palmer Quarterly,* 1975, 21, 205–226.

Battison, R. Phonological deletion in American Sign Language. *Sign Language Studies,* 1974, 5, 1–19.

Battison, R. *Lexical Borrowing in American Sign Language.* Silver Spring, Maryland: Linstok Press, 1978.

Bell, A. M. *English Visible Speech in Twelve Lessons.* Washington, D. C. : The Volta Bureau, 1895.

Bellugi, U. How signs express complex meaning. In C. Baker and R. Battison(Eds.), *Sign Language and the Deaf Community: Essays in Honor of William C. Stokoe. Silver Spring,* Maryland: National Association of the Deaf, 1980.

Bellugi, U., & Fischer, S. A comparison of sign language and spoken language: Rate and grammatical mechanisms. *Cognition,* 1972, 1, 173−200.

Bellugi, U., Klima, E. S., & Siple, P. Remembering in signs. *Cognition,* 1975, 3, 93−125.

Bellugi, U., & Siple, P. Remembering with and without words. In *Current Problems in Psycholinguistics.* Paris: Centre National de la Recherch Scientifique, 1974.

Bender, R. E. *The Conquest of Deafness*(Rev. ed). Cleveland: Press of Case Western Reserve University, 1970.

Berger, K. W. *Speechreading: Principles and Methods. Baltimore:* National Educational Press, 1972.

Bergman, B. *Signed Swedish.* Stockholm: National Swedish Board of Education, 1979.

Bever, T. The cognitive basis for linguistic structures. In J. Hayes (Ed.), *Cognition and the Development of Language.* New York: Wiley, 1970.

Binnie, C. A., Jackson, P. L., & Montgomery, A. A. Visual intelligibility of consonants:. A lipreading screening test with implications for aural rehabilitation. *Journal of Speech and Hearing Disorders,* 1976, 41, 530−539.

Blanton, R. L., & Brooks, P. H. Some psycholinguistic aspects of sign language. In I. M. Schlesinger and L. Namir(Eds.), *Sign Language of the Deaf: Psychological, Linguistic, and Sociolinguistic Perspectives.* New York: Academic Press, 1978.

Bonet, J. P. *Reduccion de las Letras, y Arte Para Ensenar a Hablar los Mudos.* Madrid: Par Francisco Abarca de Angelo(1620). English Translation by Dixon, H. N. *Simplification of the Letters of the Alphabet and Methods of Teaching Deaf-Mutes to Speak.* Harrogate: Farrar, 1890.

Bonvillian, J. D., & Nelson, K. E. Development of sign language in autistic children and other language-handicapped individuals. In P. Siple(Ed.), *Understanding Language Through Sign Language Research.* New York: Academic Press, 1978.

Bornstein, H. Signed English: A manual approach to English language development. *Journal of Speech and Hearing Disorders,* 1974, 39, 330−343.

Bornstein, H. Systems of sign. In L. J. Bradford and W. G. Hardy (Eds.), *Hearing and Hearing Impairment.* New York: Grune and Stratton, 1979.

Bornstein, H., Hamilton, L. B., Saulnier, K. L., & Roy, H. L. *The Signed English Dictionary for Preschool and Elementary Levels.* Washington, D. C.: Gallaudet College Press, 1975.

Brain, W. R. Visual disorientation with special reference to lesions of the right cerebral hemisphere. *Brain,* 1941, 64, 244−272.

Braybrook, D. M. Chapter 3in P. Henderson(Ed.), *Methods of Communication Currently Used in the Education of Deaf Children.* London : Royal National Institute for the Deaf, 1976.

Brennan, M., Colville, M. D., & Lawson, L. Words in Hand: A *Structural Analysis of the Signs of British Sign Language.*

British Sign Language Research Project, Moray House College, Edinburgh, 1980.

Brennan, M., & Hayhurst, A. B. The renaissance of British Sign Language. In C. Baker and R. Battison(Eds.), *Sign Language and the Deaf Community: Essays in Honor of William C. Stokoe.* Silver Spring, Maryland: National Association of the Deaf, 1980.

Brill, R. G. Chapter 14 in P. Henderson(Ed.), *Methods of Communication Currently Used in the Education of Deaf Children.* London: Royal National Institute for the Deaf, 1976.

Brill, R. G. & Fahey, J. A combination that works in a pre-school program for deaf children. *Hearing and Speech News,* 1971, 39, 17−19.

Brown, R. *A First Language: The Early Stages.* Cambridge, Massachusetts: Harvard University Press, 1973.

Brown, R. Why are signed languages easier to learn than spoken languages? Paper presented at the First National Symposium on Sign Language Research and Teaching, Chicago, 1977.

Bruhn, M. Methods of teaching lip reading: A symposium. Lip reading as living language. *Volta Review,* 1942, 44, 636−638.

Bruhn, M. *The Mueller-Walle Method of Lipreading.* Washington, D. C. : The Volta Bureau, 1949.

Bruner, J. S. The course of cognitive growth. *American Psychologist,* 1964, 19, 1−15.

Bulwer, J. B. *Chirologia: or, The Natural Language of the Hand.* London : R. Whitaker, 1644.

Bulwer, J. B. *Philocophhus: or, The Deafe and Dumbe Man's Friend.* London: Humphrey Moseley, 1648.

Burchett, J. H. *Lip Reading.* London: National Institute for the

Deaf, 1950.

Butt, D., & Chreist, F. M. A speechreading test for young children. *Volta Review,* 1968, 70, 225−235.

Child, D. *Psychology and the Teacher*(2nd ed.), London: Holt, Rinehart, and Winston, 1977.

Chomsky, N. *The Acquisition of Syntax in Children from 5−10.* Cambridge, Massachusetts: M. I. T. Press, 1969.

Clarke, B. R., & Ling, D. The effects of using cued speech: A follow-up study. *American Annals of the Deaf,* 1976, 121, 23−34.

Clark, E. What's in a word? On the child's acquisition of semantics in his first language. In T. Moore(Ed.), *Cognitive Development and the Acquisition of Language.* New York: Academic Press, 1973.

Clegg, D. G. *Pattern for the Listening Eye.* London: National Institute for the Deaf, 1953.

Clouser, R. A. The effect of vowel consonant ratio and sentence length on lipreading ability. *American Annals of the Deaf,* 1976, 121, 513−518.

Cohen, E., Namir, L., & Schlesinger, I. M. *A New Dictionary of Sign Language.* The Hague: Mouton, 1977.

Cokely, D. *Pre-College Programs: Guidelines for Manual Communication.* Washington, D. C. : Gallaudet College, 1979.

Cokely, D. Sign language: Teaching, interpreting, and educational policy. In C. Baker and R. Battison(Eds.), *Sign Language and the Deaf Community: Essays in Honor of William C. Stokoe.* Silver Spring, Maryland: National Association of the Deaf, 1980.

Coltheart, M. Mysteries of reading in brain defects. *Rehabilitation, Great Britain,* 1980, 1, 32−35.

Conrad, R. Short-term memory processes in the deaf. *British Journal of Psychology,* 1970, 61, 179–195.

Conrad, R. The chronology of the development of covert speech in children. *Developmental Psychology,* 1971, 5, 398–405.

Conrad, R. Chapter 21 in P. Henderson(Ed.), *Methods of Communication Currently Used in the Education of Deaf Children.* London: Royal National Institute for the Deaf, 1976.

Conrad, R. *The Deaf Schoolchild: Language and Cognitive Functioning.* London: Harper & Row, 1979.

Cornett, R. O. Cued Speech. *American Annals of the Deaf,* 1967, 112, 3–13.

Craig, E. A supplement to the spoken word-the Paget-Gorman Sign System. In P. Henderson(Ed.), *Methods of Communication Currently Used in the Education of Deaf Children.* London: Royal National Institute for the Deaf, 1976.

Craig, W. N. Effects of preschool training on the development of reading and lipreading skills of deaf children. *American Annals of the Deaf,* 1964, 109, 280–296.

Dalgarno, G. *Didascalocophus: or, The Deaf and Dumb Man's Tutor.* Oxford: Timothy Halton, 1680.

Davis, C. Chapter 11in P. Henderson(Ed.), *Methods of Communication Currently Used in the Education of Deaf Children.* London: Royal National Institute for the Deaf, 1976.

Dawson, E. M. An experiment to investigate the optimal use of fingerspelling in a teacher/learning classroom situation. *Teacher of the Deaf,* 1976, 74, 402–411.

Del'Epee, Abbe C. M. *La Veritable Maniere d'Instruire les Sourds etts, Confirme par une Longue Experience.* Paris: Chez Nyon L'Aine, 1784.

Denes, P. B., & Pinson, E. N. *The Speech Chain.* Murray Hill, New Jersey: Bell Telephone Laboratories, 1963.

Denmark, J. Chapter 13 in P. Henderson(Ed.), *Methods of Communication Currently Used in the Education of Deaf Children.* London: Royal National Institute for the Deaf, 1976.

Department of Education and Science. *The Health of the School Child, 1962 and 1963.* London: Royal National Institute for the Deaf, 1976.

Department of Education and Science *The Health of the School Child, 1962 and 1963.* London: her Majesty's Stationery Office, 1964.

Department of Education and Science. *The Education of Deaf Children: The Possible Place of Fingerspelling and Signing.* London: Her Majesty's Stationery Office, 1968.

Dewey, G. *Relative Frequency of English Speech Sounds.* Cambridge, Massachusetts: Harvard University Press, 1923.

Di Carlo, L. M., & Kataja, R. An analysis of the Utley Lipreading Test. *Journal of Hearing Disorders,* 1951, 16, 226−240.

Dodd, B. The role of vision in the perception of speech. *Perception,* 1977, 6, 31−40.

Duffy, J. K, Audio-visual speech audiometry and a new audio and audio-visual speech perception index. *Maico Audiological Library Series,* 1967, 5, 9.

Elstad, L. M. The deaf. In M. E. Frampton and E. D. Gall(Eds.), *Special Education for the Exceptional.* Boston: Porter Sargent, 1955.

Erber, N. P. Auditory and audiovisual reception of words in low-frequency noise by children with normal hearing and by children with impaired hearing. *Journal of Speech and Hearing*

Research, 1971, 14, 496-512.

Erber, N. P., & McMahan, D. A. Effects of sentence context on recognition of words through lipreading by deaf children. *Journal of Speech and Hearing Research,* 1976, 19, 112−119.

Evans, L. Factors related to listening and lipreading. *Teacher of the Deaf,* 1960, 58, 417−423.

Evans, L. Psychological factors related to lipreading. *Teacher of the Deaf,* 1965, 63, 131−137.

Evans, L. Visual linguistic communication, Chapter 8 in P. Henderson(Ed.), *Methods of Communication Currently Used in the Education of Deaf Children.* London: Royal National Institute for the Deaf, 1976.

Evans, L. Visual communication in the deaf: Lipreading, fingerspelling and signing. Unpublished doctoral dissertation, University of Newcastle upon Tyne, 1978.

Evans, L. *Psycholinguistic Strategy for Deaf Children: The Integration of Oral and Manual Media.* Carlisle: The British Deaf Association, 1979.

Evans, L. Psycholinguistic perspectives on visual communication. Chapter 9in B. Woll, J. Kyle, & M. Deuchar(Eds.), *Perspectives on British Sign Language and Deafness.* London: Croom Helm, 1981.

Ewing, A. W. G., & Ewing, E. C. *Teaching Deaf Children to Talk.* Manchester: The University Press, 1964.

Falberg, R. M. A Pyscholinguistic view of the evolution, nature and value of the sign language of the deaf. Unpublished master's thesis, Wichita State University, 1964.

Farrar, *A Historical Introduction to the English Translation of Bonet, 1620, Simplification of the Letters of the Alphabet and*

Method of Teaching Deaf Mutes to Speak. Harrogate: Author, 1890.

Earrar, A. *Revision of Arnold: The Education of the Deaf.* London: National College of Teachers of the Deaf, 1923.

Farwell, R. M. Speech reading: A research review. *American Annals of the Deaf,* 1976, 121, 19-30.

Fisher, C. G., & Husa, F. A. Fingerspelling intelligibility. *American Annals of the Deaf,* 1973, 118, 508-510.

Fisher, M. T. *Improve Your Lipreading.* Washington, D. C. : The Volta Bureau, 1968.

Forchhammer, G. *On Nodvendigheden of Sikra Meddelelesmidler Dovstumme under Ervisinge.* Copenhagen: J. Frimodts, Fortag, 1903. Text of English translation, *The Need of a Sure Means of Communication in the Instruction of the Deaf,* Royal National Institute for the Deaf Library, London.

Freeman, R. D. Some psychiatric reflections on the controversy over methods of communication in the life of the deaf. In P. Henderson(Ed.), *Methods of Communication Currently Used in the Education of Deaf Children.* London: Royal National Institute for the Deaf, 1976.

Freeman, R. D. Medical evaluation: An overview. *Directions,* 1980, 1(4), 46-47.

Freeman, R. D., Carbin, C. F., & Boese, R. J. *Can't Your Child Hear? A Guide for Those Who Care about Deaf Children.* Baltimore: University Park Press, 1981.

Friedman, L. A. Space, time, and person reference in American Sign Language. *Language,* 1975, 51, 940-961.

Frishberg, N. Arbitrariness and iconicity: Historical change in American Sign Language. *Language,* 1975, 51, 696-719.

Frishberg, N. A linguist looks at sign language teaching. Paper presented at First National Symposium on Sign Language Research and Teaching, Chicago, 1977.

Fry, D. B. The reception of speech. In E. Whetnall & D. B. Fry, *The Deaf Child.* Springfield, Illinois: Charles C. Thomas, 1964.

Garretson, M. D. Committee report defining total communication. *Proceedings of the Forty-Eighth Meeting of the Conference of Executives of American Schools for the Deaf,* Rochester, New York, 1976a.

Garretson, M. D. Total communication. In R. Frisina(Ed.), A Bicentennial Monograph on Hearing Impairment: Trends in the U.S.A. *Volta Review,* 1976b. 78(4).

Givens, D. Infantile reflexive behaviours and nonverbal communication. *Sign Language Studies,* 1977, 16, 219-236.

Gleason, H. *Descriptive Linguistics.* New York: Holt, Rinehart and Winston, 1961.

Goldin-Meadow, S., & Feldman, H. The creation of a communication system: A study of deaf children of hearing parents. *Sign Language Studies,* 1975, 8, 225-236.

Goldstein, M. A. *Problems of the Deaf.* St. Louis, Missouri: The Laryngoscope Press, 1933.

Gordon, J. C. *Notes and Observations upon the Education of the Deaf.* Washington, D. C. : The Volta Bureau, 1892.

Grove, C., O'sullivan, F. D., & Rodda, M. Communication and language in severely deaf adolescents. *British Journal of Psychology,* 1979, 70, 531-540.

Gustason, G., Pfetzing, D., & Zawolkow, E. *Signing Exact English.* Rossmoor, California: Modern Signs Press, 1972.

Gustason, G., Woodward, J.(Eds.). *Recent Developments in*

Manual English-Papers Presented at a Special Institute. Washington, D. C. : Gallaudet College, 1973.

Hansen, B. *Aspects of Deafness and Total Communication in Denmark.* Copenhagen: The Center for Total Communication, 1980.

Hanson, V. L. When a word is not the sum of its letters: Fingerspelling and spelling. Paper presented at the National Symposium on Sign Language Research and Teaching, Boston, 1980.

Hardy, M. Speechreading. In H. Davis & S. R. Silverman(Eds.), *Hearing and Deafness.* New York: Holt, Rinehart and Winston, 1970.

Haugen, E. Linguistics and language planning. *Sociolinguistics: Proceeding of the 1964 UCLA Sociolinguistics conference.* The Hague: Mouton, 1966.

Hebb, D. O. Intelligence in man after large removals of cerebral tissue: Defects following right temporal lobotomy. *Journal of General Psychology,* 1939, 21, 437-446.

Herriot, P. *An Introduction to the Psychology of Language.* London: Methuen, 1970.

Hester, M. S. Manual communication. *Report of the Proceedings of the Forty-First Meeting of the Convention of American Instructors of the Deaf.* Washington, D. C. : U.S. Government Printing Office, 1964, 211-221.

Hicks, W. M., & Hicks, D. E. The Usher's Syndrome adolescent- Programming implications for school administrators, teachers, and residential advisors. *American Annals of the Deaf,* 1981, 126, 422-431.

Hoemann, M. W. Categorical coding of Sign and English in

shortterm memory by deaf and hearing subjects. In P. Siple(Ed.), *Understanding Language Through Sign Language Research.* New York: Academic Press, 1978.

Holcomb, R. K. Three years of the total approach-1968-71. *Report of the Proceedings of the Forty-Fifth Meeting of the Convention of American Instructors of the Deaf.* Washington, D. C.: U.S. Government Printing Office, 1972, 165-183.

Hopkins, L. A. The relationship between degrees of deafness and response to acoustic training. *Volta Review,* 1953, 55, 23.

Hudgins, C. V. The development of communication skills among profoundly deaf children in an auditory training programme. In A. W. G. Ewing(Ed.), *The Modern Educational Treatment of Deafness.* Manchester: The University Press, 1960.

Hutton, C. Combining auditory and visual stimuli in aural rehabilitation. *Volta Review,* 1959, 61, 316-319.

Ingram, D. *Phonological Disability in Children.* New York: Elsevier, 1976.

Jakobson, R. [*Child Language, Aphasia and Phonological Universals*] (A. Keiler, translator). The Hague: Mouton, 1968. (Originally published 1941).

Jeffers, J., & Barley, M. *Speechreading(Lipreading).* Springfield, Illinois: Charles C. Thomas, 1971.

Jensema, C. J., Karchmer, M. A., & Trybus, R. J. *The Rated Speech Intelligibility of Hearing Impaired Children: Basic Relationships and a Detailed Analysis.* Office of Demographic Studies, Series R, Number 6. Washington, D. C. : Gallaudet College, 1978.

Jordan, I. K., Gustason, G., & Rosen, R. Current communication trends at programs for the deaf. *American Annals of the Deaf,*

1976, 121(6), 527−532.

Jordan, I. K., Gustason, G., & Rosen, R. An update on communication treds at programs for the deaf. *American Annals of the Deaf,* 1979, 124, 350−357.

Kaplan, E., & Kaplan, G. The prelinguistic child. In J. Eliot(Ed.), *Human, Development and Cognitive Processes.* New York: Holt, Rinehart and Winston, 1971.

Kimura, D. Speech lateralization in young children as determined by an auditory test. *Journal of Comparative and Physiological Psychology,* 1963, 56, 899−902.

Klima, E. S., & Bellugi, U. *The Signs of Language.* Cambridge, Massachusetts: Harvard University Press, 1979.

Klopping, H. Language understanding ofdeaf atudents under three auditory-visual stimulus conditions. *American Annals of the Deaf,* 1972, 117(3), 389−396.

Knight, D. L. A general model of English language development in hearing-impaired children. *Directions,* 1979, 1(1), 9−28.

Kuczaj, S. On the acquisition of a semantic system. *Journal of Verbal Learning and Verbal Behaviour,* 1975, 14(4), 340−358.

Lane, H., Boyes-Braem, P., & Bellugi, U. Preliminaries to a distinctive feature analysis of handshapes in American Sign Language. *Cognitive Psychology,* 1976, 8, 263−289.

Lenneberg, E. H. *Biological Foundations of Language.* New York: John Wiley and Sons, 1967.

Levitt, D., & Groode, J. Methods of teaching fingerspelling. Paper presented at the National Symposium on Sign Language Research and Teaching, Boston, 1980.

Levitt, H. Language communication skills of deaf children, 1973/75. Proceedings of Language Assessment for the Hearing

Impaired a Work Study Institute, New York State Education Department, 1976.

Levy, J. Psychological implications of bilateral asymmetry. In S. J. Diamond and J. G. Beaumont(Eds.), *Hemisphere Function in the Brain.* New York: John Wiley and Sons, 1974.

Lewis, D. N. Lipreading skills of hearing impaired children in regular schools, *Volta Review,* 1972, 74, 303−311.

Ling, D. *Speech and the Hearing-impaired Child: Theory and Practice.* Washington, D. C. : Alexander Graham Bell Association for the Deaf, 1976.

Ling, & Clarke, B. R. Cued Speech: An evaluative study. *American Annals of the Deaf,* 1975, 120, 480−488.

Lowell, E. L. Research in speechreading: Some relationships to language development and implications for the classroom teacher. *Report of the Proceedings of the Thirty-Ninth Meeting of the Convention of American Instructors of the Deaf.* Washington, D. C.: U.S. Government Printing Office, 1960, 68−73.

Lowell, E. L. Chapter 5 in P. Henderson(Ed.), *Methods of Communication Currently Used in the Education of Deaf Children.* London: Royal National Institute for the Deaf, 1976.

MacNamara, J. cognitive basis of language learning in infants. *Psychological Review,* 1972, 79, 1−13.

Markides, A. The speech of deaf and partially-hearing children with special reference to factors affecting intelligibility. *British Journal of Disorders of Communication,* 1970, 5, 126−140.

Markides, A. Rehabilitation of people with acquired deafness in adulthood. *British Journal of Audiology,* Supplement 1, 1977.

Marmor, G., Strauss, G., & Petitto, L. Simultaneous communication in the classroom: How well is English grammar represented? *Sign Language Studies,* 1979, 23, 99−136.

Mayberry, R. I. Manual communication. In H. Davis and S. R. Silverman(Eds.), *Hearing and Deafness*(4th ed.). New York: Holt, Rinehart and Winston, 1978.

McFie, J. Factors of the brain. *Bulletin of British Psychological Society,* 1972, 25, 11−14.

McKeever, W. F., Hoemann, H. W., Florian, V. A., & Van Deventer, A. D. Evidence of minimal cerebral asymmetries for the processing of English words and American Sign Language in the congenitally deaf. *Neuropsychologia,* 1976, 14, 413−423.

McNally, J. *The First Ladybird Key Words Picture Dictionary.* Loughborough: Wills and Hepworth, 1965.

Mead, M. Vicissitudes of the study of the total communication process. In T. A. Sebech(Ed.), *Approaches to Semiotics.* The Hague: Mouton.

Meadow, K. P. Early manual communication in relation to the deaf child's intellectual, social, and communicative functioning. *American Annals of the Deaf,* 1968, 113, 29−41.

Meadow, K. P. A developmental perspective on the use of manual communication with deaf children. In P. Henderson(Ed.), *Methods of Communication Currently Used in the Education of Deaf Children.* London: Royal National Institute for the Deaf, 1976.

Milan International Congress on Education of the Deaf. *Report of the Proceedings.* London: W. H. Allen & Company, 1880.

Montgomery, G. W. G. The relationship of oral skills to manual communication in profoundly deaf adolescents. *American Annals of the Deaf,* 1966, 111, 557−565.

Montgomery G. W. G. A factorial study of communication and ability in deaf school leavers. *British Journal of Educational Psychology,* 1968, 38(3), 27−37.

Montgomery, G. W. G. The integration of the oral-manual language ability of profoundly deaf children. In P. Henderson(Ed.), *Methods of Communication Currently Used in the Education of Deaf Children.* London: Royal National Institute for the Deaf, 1976.

Moores, D. F. Neo-oralism and the education of the deaf in the Soviet Union. *Exceptional Children,* 1972, 38, 377−384.

Morkovin, B. V. Experiment in teaching deaf preschool children in the Soviet Union. *Volta Review,* 1960, 62, 260−268.

Moser, H. M., O'Neill, J. J., Oyer, H. J., Wolfe, S. M., Abernathy, E. A., & Schowe, B. M. *Hand Signals: Fingerspelling.* Technical Report, Ohio State University Research Foundation, 1958.

Myklebust, H. R. *The Psychology of Deafness.* New York: Grune and Stratton, 1964.

Namir, L., & Schlesinger, I. M. The grammar of sign language. In I. M. Schlesinger and L. Namir(Eds.), *Sign Language of the Deaf: Psychological, Linguistic, and Sociolinguistic Perspectives.* New York: Academic Press, 1978.

Neville, H. J. The functional significance of cerebral specialization. In R. W. Rieber(Ed.), *The Neuropsychology of Language: Essays in Honor of Eric Lenneberg. New York: Plenum Press,* 1976.

Neyhus, A. I. *Speechreading Failure in Deaf Children.,* Washington, D. C.: Office of Education, Department of Health, Education and Welfare, 1969.

Nicholls, G. H. Cued Speech and the reception of spoken language. Unpublished master's thesis McGill University, 1979.

Nix, G. W. Total communication: A review of the studies offered in its support. *Volta Review,* 1975, 77, 470–494.

Numbers, M. E., & Hudgins, C. V. Speech perception in present day education for deaf children. *Volta Review,* 1948, 50, 449–456.

O'Neill, J. J. An exploratory investigation of lipreading ability amongst normal hearing students. *Speech Monograph,* 1951, 18, 309–311.

O'Neill, J. J. Contributions of the visual components of oral symbols to speech comprehension. *Journal of Speech and Hearing Disorders,* 1954, 19, 429–439.

O'Neill, J. J., and Davidson, J. L. Relationship between lipreading ability and five psychological factors. *Journal of Speech and Hearing Disorders,* 1956, 21, 478–481.

O'Rourke, T. J. *A Basic Course in Manual Communication.* Silver Spring, Maryland: National Association of the Deaf, 1973.

Paterson, A., & Zangwill, O. L. Disorders of visual space perception associated with lesions of the right cerebral hemisphere. *Brain,* 1944, 67, 331–358.

Pauls, M. D. Speechreading. In H. Davis and S. R. Silverman(Eds.), *Hearing and Deafness.* New York: Holt, Rinehart and Winston, 1960.

Piaget, J. *Play, Dreams, and Imitation in Childhood.* New York: Norton, 1962.

Pintner, R. Speech reading tests for the deaf. *Journal of Applied Psychology,* 1929, 13, 220–225.

Pollard, G., & Neumaier, R. Vision characteristics of deaf students. *American Annals of the Deaf,* 1974, 119, 740−745.

Prall, J. Lipreading and hearing aids combine for better comprehension. *Volta Review,* 1957, 59, 64−65.

Prinz, P. M., & Prinz, E. A. Simultaneous acquisition of ASL and spoken English(In a hearing child of a deaf mother and hearing father). *Sign Language Studies,* 1979, 25, 283−296.

Quigley, S. *The Influence of Fingerspelling on the Development of Language, Communication, and Educational Achievement in Deaf Children.* Urana, Illinois: University of Illinois, 1969.

Rawlings, B. W. *Characteristics of Hearing Impaired Students by Hearing Status:* 1970−71. Office of Demographic Studies, Series D, Number 10. Washington, D. C. : Gallaudet College, 1973.

Rawlings, B. W., Trybus, R. J., & Biser, J.(Eds.). *A Guide to College/Career Programs for Deaf Students.* Washington, D. C. : Gallaudet College, 1981.

Reed, M. Communication in deaf children. In P. Henderson(Ed.), *Methods of Communication Currently Used in the Education of Deaf Children.* London: Royal National Institute for the Deaf, 1976.

Reeves, J. K. The use of hearing aids by children with defective hearing. *Teacher of the Deaf,* 1961, 59, 181−190.

Reeves, J. K. The whole personality approach to oralism in the education of the deaf. In P. Henderson(Ed.), *Methods of Communication Currently Used in the Education of Deaf Children.* London: Royal National Institute for the Deaf, 1976.

Reich, P. A., & Bick, M. An empirical investigation of some claims made in support of visible English. *American Annals of the Deaf,* 1976, 121—573—577.

Reich, P. A., Nickerson, N., Bick, M., Mierle, S., & Michal, D. Variales Affecting the Comprehension of Visible English. University of Toronto, Department of Linguistics, 1976.

Reid, G. A preliminary investigation in the testing of lipreading achievement. *Journal of Speech and Hearing Disorders,* 1947, 12, 77—82.

Reimer, B. L. A viable classroom model for using various communication modes. *American Annals of the Deaf,* 1979, 124, 838—846.

Riekehof, L. L. *The Joy of Signing.* Springfield, Missouri: Gospel Publishing House, 1978.

Rodda, M., Godsave, B., & Stevens, J. Some aspects of the development of young hearing-impaired children. *American Annals of the Deaf,* 1974, 119, 729—735.

Rosch, E. On the internal structure of perceptual and semantic categories. In T. Moore(Ed.), *Cognitive Development and the Acquisition of Language.* New York: Academic Press, 1973.

Ross, M., Kessler, M. E., Philips, M. E., & Lerman, J. W. Visual, auditory, and combined mode presentations of the WIPI test to hearing-impaired children. *Volta Review,* 1972, 74, 90—92.

Savage, R. D., Evans, L., & Savage, J. F. *Psychology and Communication in Deaf Children.* Sydney: Grune and Stratton, 1981.

Schlesinger, H. S., & Meadow, K. *Sound and Sign: Childhood Deafness and Mental Health.* Berkeley, California: University of California Press, 1972.

Scouten, E. Total communication in a new perspective. *Florida School Herald,* 1973, 72, 1—2.

Shannon, C. E. A mathematical theory of communication. *Bell System Technical Journal,* 1948, 27, 379—423, 623—656.

Sicard, R. A. C. *Theorie des Signes.* Paris: De L'Imprimerie d'a clo, Treuttel et Wurtz, 1818.

Simmons, A. A. Factors related to lipreading. *Journal of Speech and Hearing Research,* 1959, 2, 340—352.

Siple, P. Linguistic and psychological properties of American Sign Language: An overview. In P. Siple(Ed.), *Understanding Language Through Sign Language Research.* New York: Academic Press, 1978.

Siple, P., Fischer, S., & Bellugi, U. Memory for nonsemantic attributes of American Sign Language signs and English words. *Journal of Verbal Learning and Verbal Behaviour,* 1977, 16, 561—574.

Skarakis, E. A., & Prutting, C. A. Early communication: Semantic functions and communicative intentions in the communication of the preschool child with impaired hearing. *American Annals of the Deaf,* 1977, 122, 382—391.

Smith, F. *Understanding Reading: A Psycholinguistic Analysis of Reading and Learning to Read.*(2nd ed.). New York: Holt, Rinehart and Winston, 1978.

Stevenson, E. A. *A Study of the Educational Achievement of Deaf Children of Deaf Parents.* Berkeley, California: California School for the Deaf.

Stokoe, W. C. *Sign Language Structure: An Outline of the Visual Communication Systems of the American Deaf.* Studies in Linguistics: Occasional Paper No., 8. Buffalo, New York: University of Buffalo, 1960.

Stokoe, W. C. *Sign Language Structure: The First Linguistic*

Analysis of American Sign Language, (rev. ed.). Silver Spring, Maryland: Linstok Press, 1978.

Stokoe, W. C., Casterling, D. C., & Croneberg, C. G. *A Dictionary of American Sign Language on Linguistic Principles.* Washington, D. C. : Gallaudet College Press, 1965.

Stuckless, E. R. An interpretive review of research on manual communication in the education of deaf children: Language development and information transmission. In P. Henderson (Ed.), *Methods of Communication Currently Used in the Education of Deaf Children.* London: Royal Mational Institute for the Deaf, 1976.

Stuckless, E. R., & Birch, J. W. The influence of early manual communication on the linguistic development of deaf children. *American Annals of the Deaf,* 1966, 111, 452−460.

Taaffe, G., & Wong, W. *Studies of Variables in Lipreading Stimulus Materials.* Los Angeles: John Tracy Clinic Research Paper Ⅲ, 1957.

Trybus, R. J., & Karchmer, M. A. School achievement scores of hearing impaired children: National data on achievement status and growth patterns. *American Annals of the Deaf,* 1977, 122, 62−69.

Valade, Y-L. R. *Edutes sur la Lexicologie et la Grammaire du Language Naturel des Signes.* Paris, 1854.

Van Uden, A. *Proceedings of the Annual Conference of Heads of Schools for the Deaf and Partially Hearing.* Manchester: Department of Audiology and Education of the Deaf, Manchester University, 1974.

Verney, A. Planning for a preferred future. In P. Henderson(Ed.), *Methods of Communication Currently Used in the Education of Deaf Children.* London: Royal National Institute for the Deaf, 1976.

Vernon, M. Mind over mouth: A rationale for total communication. *Volta Review,* 1972, 74, 529−540.

Vernon, M. Psychological aspects in diagnosing deafness in a child. In P. J. Fine(Ed.), *Deafness in Infancy and Early Childhood.* New York: Medcom Press, 1974.

Vernon, M. Communication and the education of deaf and hard of hearing children. In P. Henderson(Ed.), *Methods of Communication Currently Used in the Education of Deaf Children.* London: Royal National Institute for the Deaf, 1976.

Vernon, M., & Koh, S. D. Early manual communication and deaf children's achievement. *American Annals of the Deaf,* 1970, 115, 527−536.

Vernon, M., & Mindel, E. D. Psychological and psychiatric aspects of profound hearing loss. In D. E. Rose(Ed.), *Audiological Assessment.* Englewood Cliffs, New Jersey: Prentice-Hall, 1971.

Volterra, V. Symbolic development in spoken and gestural modalities. In B. Frokjaer-Jensen(Ed.), *The Sciences of Deaf Signing.* Copenhagen: Audiologopedic Research Group, University of Copenhagen, 1979.

Volterra, V., & Taeschner, T. The acquisition and development of language bilingual children. *Journal of Child Development,* 1978, 5, 321−326.

Walden, B. E., Prosek, R. A., & Worthington, D. W. Predicting audiovisual consonant recognition Performance of hearing impaired adults. *Journal of Speech and Hearing Research,* 1974, 17, 270−278.

Wallis, J. *Grammatica Linguae Anglicanae.* [A Grammar of the English Language.] London, 1653.

Walton, D., & Black, D. A. The modified word learning test: The validity of a psychological test of brain damage. *Journal of Mental Science,* 1957, 103, 270-279.

Wampler, D. *Linguistics of Visual English.* Santa Rosa, California, 1971.

Watson, J. *Instruction of the Deaf and Dumb.* London: Darton & Harvey, 1809.

Watson, T. J. Chapter 1 in P. Henderson(Ed.), *Methods of Communication Currently Used in the Education of Deaf Children.* London: Royal National Institute for the Deaf, 1976.

Weisenberg, T., & McBride, R. *Aphasia,* New York: Hafner, 1935.

Westervelt, Z. F. The disuse of signs. *Proceedings of the Ninth Convention of American Instructors of the Deaf and Dumb.* Columbus, Ohio: Nevins & Myers, 1878, 165-183.

Wickens, D. D., Born, D. G., & Allen, C. K. Proactive inhibition and item similarity in short-term memory. *Journal of Verbal Learning and Verbal Behaviour,* 1963, 2, 440-445.

Wilbur, R. B. The linguistics of manual languages and manual systems. In L. L. Lloyd(Ed.), *Communication Assessment and Intervention Strategies.* Baltimore, Maryland: University Park Press, 1976, 423-500.

Wilbur, R. B., & Jones, M. L. Some aspects of the bilingualism/bimodal acquisition of Sign and English by three hearing children of deaf parents. In R. Fox & A. Bruck(Eds.), *Proceedings of the Tenth Regional Meeting of the Chicago Linguistic Society,* Chicago, Illinois.

Wolff, J. G. Language before speech: A new phonetically based combined system for the development of language in deaf children. *Teacher of the Deaf,* 1971, 69, 96−114.

Wood, K. S., & Blakely, R. W. The association of lipreading and the ability to understand distorted speech. *Western Speech,* 1953, 17, 259−261.

Woodward, J. Some characteristics of Pidgin Sign English. *Sign Language Studies,* 1973, 3, 39−46.

Woodward, J. Historical bases of American Sign Language. In P. Siple(Ed.), *Understanding Language Through Sign Language Research.* New York: Academic Press, 1978.

Woodward, M. F., & Barber, C. G. Phoneme perception in lipreading. *Journal of Speech and Hearing Research,* 1960, 3, 213−222.

Woodward, M. F., & Lowell, E. E. *A Linguistic Approach to the Education of Aurally-Handicapped Children.* United States Department of Health, Education and Welfare Project 907, 1964.

Young, D. *Group Reading Test.* London: University of London Press, 1968.

참고문헌

(후속 읽기 자료 소개)

교육원리:

Moores, D. F. *Educating the Deaf: Psychology, Principles, and Practices. Boston*: Houghton Mifflin Company, 1978.

의사소통 방법:

Henderson, P.(Ed.). *Methods of Communication Currently Used in the Education of Deaf Children.* London: Royal National Institute for the Deaf, 1976.

말하기와 독화:

Berger, K. W. *Speechreading: Principles and Methods.* Baltimore, Maryland: National Educational Press, 1972.

Jeffers, J., & Barley, M. *Speechreading(Lipreading).* Springfield, Illinois: Charles C. Thomas, 1971.

Ling, D. *Speech and the Hearing-impaired Child: Theory and Practice.* Washington, D. C. : Alexander Graham Bell Association for the Deaf, 1976.

지문자:

Carmel, S. J. *International Hand Alphabet Charts.* Rockville, Maryland: Author, 1975.

수 화:

Baker, C., & Battison, R.(Eds.). *Sign Language and the Deaf Community: Essays in Honor of William C. Stokoe.* Silver Spring, Maryland: National Association of the Deaf, 1980.

Baker, C., & Cokely, D. *American Sign Language: A Teachers Resource Text on Grammar and Culture.* Silver Spring, Maryland: T. J. Publishers, Inc., 1980.

Bergman, B. *Signed Swedis.* Stockholm: Swedish Board of Education, 1979.

Hoemann, H. H. *Communicating with Deaf People: A Resource Manual for Teachers and Students of American Sign Language.* Baltimore, Maryland: University Park Press, 1978.

Schlesinger, I. M. & Namir, L.(Eds.) *Sign Language of the Deaf: Psychological, Linguistic and Sociolinguistic Perspectives.* New York: Academic Press, 1978.

Siple, P.(Ed.). *Understanding Language Through Sign Language Research.* New York: Academic Press, 1978.

Stokoe, W. C. *Sign Language Structure: The First Linguistic Analysis of American Sign Language(Rev. ed.).* Silver Spring, Maryland: Linstok Press, 1978.

Woll, B., Kyle, J., & Deuchar, M.(Eds.). *Perspectives on British Sign Language and Deafness.* London: Croom Helm, 1981.

언어획득:

Lenneberg, E. H. *Biological Foundations of Language.* New York: John Wiley and Sons, 1967.

심리적 측면:

Conrad, R. *The Deaf Schoolchild: Language and Cognitive Func-*

tion. London: Harper and Row, 1979.

Savage, R. D., Evans, L., & Savage, J. F. *Psychology and Communication in Deaf Children.* Sydney: Grune and Stratton, 1981.(Chapter 1 also provides a detailed account of the historical background to the use of oral and manual communication.)

人名索引

재판 후기

이 책이 번역되어 발행된 지 8년이 지나 초판의 판형을 바꾸어 재판을 낼 수 있게 되어 필자로서는 작은 기쁨의 감회를 가지게 된다. 사실 이 책이 번역되어 나오기 훨씬 전부터 우리나라 농교육계에서 토털 커뮤니케이션(혹자는 이른 "전체법"이니 혹은 "종합적 의사소통"으로 번역하기도 하나, 그 개념의 본질에 비추어 볼 때, 아무래도 좀 어색한 표현인 듯함)은 많이 회자되어 왔다.

그러나 이 개념에 대한 이해는 여전히 각양각색인 듯하다. 어떤 사람은 토털 커뮤니케이션 접근을 수화주의에로의 회귀로 이해하는가 하면, 상당수의 사람들은 의사소통 매체의 결합 혹은 동시적 사용으로 생각하는 경향도 있다. 사실 토털 커뮤니케이션의 이름으로 행해지는 농교육의 실제를 보면, 바로 위와 같은 실천이 토털 커뮤니케이션 방법으로 적용되고 있음을 흔히 볼 수 있다.

이와 같은 현상은 토털 커뮤니케이션의 본산지인 미국에서조차도 비슷하게 나타나고 있다. R. E. Johnson 등(1989)은 최근의 한 논문에서 미국 농교육계에서 토털 커뮤니케이션의 적용 실제를 다음과 같이 기술하고 있다.

토털 커뮤니케이션은 1970년대 초반경에 농교육의 한 "철학"으로서 확립되었다. 이는 동시적 의사소통(simultaneous communication)의 가장 전형적인 변형으로 알려진 가운데, 미국에서는 70년대 이후 가장 주된 "방법"으로 적용되어 오고 있다. 이 방법은 교실에서 교사들이 수화를 사용하도록 요구하기 때문에, 구화주의에 대한 반동의 상징으로 입지를 굳히고 있는 가운데, 특히 성인 농자들로부터 실질적 지원을 받고 있다.

위의 인용에서 볼 수 있듯이 원래 토털 커뮤니케이션 접근은 농교육의 한 철학으로 개념화된 것이지만, 그 실천과정에서는 주로 "동시법"이라는 한 변형된 방법으로 적용되어 왔다는데 주목할 필요가 있다. 여기에서 우리는 토털 커뮤니케이션의 철학과 실제 간에 상당한 괴리가 있음을 알게 된다. 토털 커뮤니케이션의 개념적 본질은 반드시 위와 같은 것을 의미하지 않지만, "토털 커뮤니케이션"이라는 이름하에 행해지는 농교육의 실제는 분명 위와 같은 현상으로 나타나고 있음이 또한 사실이다.

엄격히 말해서 우리나라의 농교육 현실은 토털 커뮤니케이션의 철학에는 어느 정도 공감하고 있을는지 모르지만, 이 접근을 현장 교육에 적용하는 데는 아직 상당한 저항이나 망설임을 지니고 있다. 가령 이 접근을 적용할 경우 지금까지 애써 길러진 구화 능력마저 소멸시켜버릴지도 모른다는 우려가 있는가 하면, 부모들의 구화 지도에 대한 열망을 저버리고 과연 이 접근을 적용할 수 있겠는가 하는 회의가 잔뜩 도사리고 있다. 따라서 토털 커뮤니케이션에 관련한 우리 농교육계의 지배적 입장은 "죽도 밥도 아닌" 바로 그런 상황이라 할 수 있다.

존슨 등은(R. E. Johnson, S. K. Liddell, and C. J. Erting) 갈러뎃 연구소의 기획 논문인 「교육과정의 새 접근: 농교육에 있어 교육 내용 이해 증진을 위한 원리들」(Unlocking the Curriculum: Principles for Achieving Access in Deaf Education, 1989)이라는 주목할만한 논문에서 이러한 어중간한 토털 커뮤니케이션의 실제와 관련한 미국 농교육의 실패를 잘 지적해 주고 있다. 존슨 등은 이 논문에서 미국의 농교육 프로그램들이 토털 커뮤니케이션을 적용해 온 지가 10년이 훨씬 지났건만, 농학생들의 학업 성취 능력의 지체 현상은 과거에 비해 거의 아무런 개선도 이뤄지지 않다고 지적하고 있다. 결국, 우리가 농학생들(언어 획득기 이전에 심한 청력손실을 가진 감음 신경성 농)에게 학교 교육과정의 내용을 제대로 수용하도록 하기 위해서는 언어지도 전략에 있어 근본적 혁신이 와야 한다고 그들은 주장하고 있다. 이를 위한 개혁 대안으로, 그들은 실질적으로 구화지도에 의해 언어획득이 어려운 농학생들에게는(물론 구어획득이 가능한 청각장애 아동에게는 구화 능력을 길러주기 위한 노력이 철저히 수행되어야겠지만) "자연수화"(natural sign language)를 일차 언어로 하여 처음부터 강력하게 도입할 필요가 있음을 제안하고 있다.

존슨 등에 의하면, 흔히 토털 커뮤니케이션의 실제에서 적용되는 동시 법은 구어 어법에다 수화사인을 일치시키는 것으로서, 이렇게 함으로써 두 개의 언어매체가 상호 보완적인 역할을 할 수 있다고 믿는다. 그러나 이중 언어양식에서 두 개의 매체가 서로 보완적이냐 배타적(혹은 간섭적)이냐 하는 것에 대해서는 아직도 많은 논란이 있다. 두 매체의 언어양식이 갖는 어법적(언어학적) 특징이 현저히 다를 때, 서로간에 간섭적 혼란을 야기할 수 있다는 증거는 자연 수화로써 ASL(American Sign Language)과 방법적(문법적) 수화로서 사인-영어(Sign-English)가 갖는 언어학적 특징의 차이를 밝히는 연구에서 충분히 제시되고 있다.

따라서, 존슨 등은 독자적 언어체제로서 자연수화를 농아동의 일차 언어로 조기에 강력히(일관되게) 도입하는 한편, 문자언어로서의 영어는 일차 언어로서 ASL이 확립된 이후에 이중언어(bilingual)의 하나로 획득되어야 한다고 주장한다. 이 경우 농아동에게 음성언어로서의 영어는 문자언어(읽고 쓰기)를 통한 이차언어의 학습과정으로 주어져야 한다고 본다. 따라서 농아동에게 일차언어로 획득된 "자연수화"가 학교에서 교육내용의 이해와 수용을 위해 가장 좋은 언어 도구가 된다는 것이 이들의 주요한 결론이다.

이러한 주장은 미국의 농교육계에서 깊은 공감을 불러일으키게 했지만, 이에 따른 실천적 문제가 농교육 전문가들에 의해 제기되고 있다(이에 대한 구체적 논란은 위의 논문에 대한 배심원들의 논평을 종합정리한 R. E. Johnson, Acces: Language in Deaf Education.

Gallaudet Research Institute, 1990에 잘 제시되고 있음).

필자가 여기서 굳이 존슨 등에 의한 논문의 요지를 다소 장구하게 거론하게 되는 것은, 이러한 논지가 분명히 토털 커뮤니케이션 실제에 대한 "비판"으로 제기되고 있다는 점 때문이다. 이와 같은 토털 커뮤니케이션의 실천은 이 책에서 Lionel Evans에 의해서도 군데군데 소개되고 있다. 그런데 에번스가 가장 역점을 두어 정리한 "제7장 언어발달 전략"의 내용을 주의 깊게 정독해 보면, 앞에서 소개한 존슨 등의 입장과 기본적으로 아주 일치하고 있음을 알 수 있다. 특히 7장의 "이중언어의 선택"에서 에번스는 다음과 같이 기술하고 있다.

> 조기에 시각적 언어 양식에 의존해 온 나머지 청각으로 부호화된 언어를 수용해 본 경험이 없는 농아동에게 일차적 언어 수행능력 매체는 수화가 될 것이다. 조기에 수화환경에서 양육된 경우, 수화 그 자체가 그 아이의 자연적 모국어가 된다. 이 경우 영어는 2차 언어로서 이후에 전위될 것이다…. (중략) 만약 수화가 언어의 기본적 준거를－일관된 외적 의사소통과 내적 기호화의 가능성－만족해 줄 수 있다면, 당연히 수화는 후속 언어 학습을 위해 필요한 신경학적 조직을 촉진하는 데 기여할 수 있다. Lenneberg(1967)가 지적한 대로, 그러한 대뇌조직이 자극될 때, 비로소 이차 언어 학습이 제대로 수행될 수 있다.

에번스의 위와 같은 주장은 앞서 소개한 존슨 등이 내린 결론의 핵심적 요지와 상당히 일치하는 것으로 볼 수 있다. 따라서, 우리는 토털 커뮤니케이션의 실제 적용 과정에서 나타나는 농교육 실천의 일부를 보고, 토털 커뮤니케이션 철학의 본질이 함의하는 바를 왜곡하거나 놓쳐서는 안 되겠다.

오늘의 이 시점에서도 우리는 토털 커뮤니케이션 철학에 대한 철저한 숙고가 있어야겠고, 이를 통해 한국 농교육의 개혁을 위한 실천 전략을 정밀하면서도 꾸준히 수행해 가야겠다. 지금은 새로운 개

혁이 구체적으로 실천될 때이다. 그 철학을 교육실천 과정에 성실히 적용해 보는 노력도 해 보지 않고, 토털 커뮤니케이션 접근 자체를 비판할 수 없는 일이 아닌가. 끝으로 이번에 재판을 발행하는 기회에 몇 군데 내용 일부를 수정·보완하고, 몇몇 주요 용어 표현을 새로이 정리할 수 있게 되어 다행스럽게 생각한다.

1992년 1월

김 병 하

◉ 역자 ◉

김병하   대구대 대학원 특수교육학과 문학박사 취득
         Gallaudet University 객원연구교수
         대구대학교 사범대학 학장, 대한특수교육학회 회장 역임
         현재 대구대 특수교육학부 교수, BK21 특수교육 교육연구단 단장,
         대구장애우권익문제연구소 이사장

         저서로는 『한국의 특수교육』, 『청각장애아 교육』, 『특수교육의 역사적 이해』,
         『청각장애와 언어』 외 다수

◉ 토털 커뮤니케이션: 구조와 전략

◉ 초판발행	2002년 5월 30일
◉ 2 쇄	2003년 8월 31일
	(1992년 개정4판본)
◉ 지 은 이	리오넬 에번스
◉ 옮 긴 이	김병하
◉ 펴 낸 이	채종준
◉ 펴 낸 곳	한국학술정보(주)
	경기도 파주시 교하읍 문발리 파주출판문화정보산업단지
	538-2
	전화 031) 908-3181(대표) · 팩스 031) 908-3189
	홈페이지 http://www.kstudy.com
	e-mail(e-Book사업부) ebook@kstudy.com
◉ 등 록	제일산-115호(2000. 6. 19)
◉ 가 격	10,000원

ISBN   89-534-0954-3   93370 (Paper Book)
           89-534-0955-1   98370 (e-Book)